33 JOURS EN ITALIE

CHALON-SUR-SAONE

IMP. FRANÇAISE ET ORIENTALE L. MARCEAU, E. BERTRAND, SUC^r

Raoul de LAGENARDIÈRE

33 Jours en Italie

(13 AVRIL AU 16 MAI 1898)

CHALON-SUR-SAONE

IMPRIMERIE E. BERTRAND, SUCCESSEUR DE L. MARCEAU
5, rue des Tonneliers, 5

1899
Tous droits réservés.

PRÉFACE

Ce n'est pas une histoire de l'Italie, ni une description de ce pays enchanteur,

Où l'oranger fleurit sous un ciel toujours pur,

que je prétends faire. Mon but est tout autre : fixer sur le papier pour graver dans ma mémoire et replacer sous mes yeux, à mon gré, le souvenir de délicieuses impressions. Sans souci de l'universalité, de l'ordre ou de l'opportunité de mes observations, je veux rendre seulement ce qui m'a frappé, intéressé, charmé, séduit.

Mon premier et mon plus vif sentiment est un sentiment de reconnaissance à l'égard de l'ami délicat et du spirituel compagnon dont la société fut encore le plus doux agrément du voyage. J'ai nommé Monsieur le Chanoine Berry, à qui je dédie ces pages.

Nos relations intimes étaient empreintes de la même harmonie, de la même sérénité, de la même chaleur qui remplissaient l'air, le ciel et la mer d'Italie.

33 JOURS EN ITALIE

D'Autun à Turin, 13-14 avril 1898.

A une heure de l'après-midi, nous descendons en hâte, emportés par le trot rapide d'un cheval qui devine notre empressement, les rues tortueuses d'Autun. Sur notre passage, s'épanouissent sourires et saluts qui nous disent : « Bon voyage ! Vous êtes plus heureux que nous. Les hirondelles émigrent, les étoiles s'en vont ; nous restons dans le froid et dans la nuit. » A la gare, une nombreuse escorte ecclésiastique, digne cortège de mon sympathique compagnon, nous conduit jusqu'à notre compartiment et forme pour nous les vœux les plus charitables.

Une nuit en chemin de fer... longue, froide,

monotone. Un peu de sommeil, mais intermittent, agité. A trois heures du matin, nous sommes devant l'imposante frontière d'Italie, le tunnel du mont Cenis qui mesure douze kilomètres et demi de long. La douane s'assure d'une façon très indiscrète que nous n'importons aucune marchandise prohibée.

Après un trajet souterrain d'une demi-heure, nos yeux s'ouvrent au jour d'Italie; en même temps notre esprit et notre cœur se dilatent pour recevoir les multiples impressions qui nous sont réservées. Nous atteignons Turin par la fraîche vallée de la Doire.

De Turin à Gênes, 14 avril.

Notre première visite à Turin[1] est pour le monastère de la Visitation, où mon compagnon célèbre la sainte Messe. Nous sommes reçus par la supérieure, digne femme de quatre-vingts ans, éteinte, voûtée, voyant à peine, marchant difficilement, mais reflétant sur sa physionomie pâlie par l'âge et la fatigue ce calme, cette pureté et cette ingénuité de sentiments : signe et récompense de la paix de l'âme avec Dieu qui n'a jamais été troublée.

Le Pô limite la ville au Sud-Est ; l'après-midi est consacré à une promenade en voiture aux bords du fleuve.

1. Turin, capitale du Piémont. Le Piémont est le patrimoine de la Maison de Savoie actuellement régnante en Italie. Cette dynastie apparut les premières années du XIe siècle. Le Piémont fut sans cesse tourmenté par les convoitises de la France et de l'Autriche, ses deux grandes voisines. Turin, ancienne capitale du Piémont, puis du royaume de Sardaigne, et enfin de l'Italie jusqu'en 1865, compte environ 300.000 habitants. Cette ville est située entre le Pô et la Doire qui se rejoignent un peu plus loin. Les Alpes et les Apennins la dominent. Les boulevards sont droits, comme tirés au cordeau. On trouve sur les principales places de belles statues en bronze.

L'eau se traîne lentement à nos pieds sur une grande largeur; elle suit sa destinée et va s'offrir à l'Océan avec une résignation et une cadence admirables. Le soleil dore les cimes neigeuses qui nous regardent, et illumine les crêtes des Apennins qui prennent tantôt la couleur de la rose, tantôt la couleur de la nacre, pour nous sourire.

Nous avions visité Turin précédemment, c'est pourquoi nous y passons si peu de temps.

Beaucoup de monde au départ. Dans notre compartiment, un voyageur très distingué, — cinquante ans environ, — grand, mince, froid ; figure ovale, moustache noire ; sa physionomie faite de réflexion et de volonté, d'idées arrêtées et d'énergie ; grandes manières, sobriété dans la parole et beaucoup d'élégance dans le geste. Monsieur l'Abbé, attiré volontiers par tout ce qui est noble et élevé, s'entretient éloquemment avec lui de la situation sociale de l'Italie, de la misère du peuple et des rapports tendus entre le Vatican et le Quirinal.

Nous avions fait la connaissance du général Heusch, un des officiers les plus remarquables de l'armée. Trois semaines après, il fut appelé à Florence pour commander la place pendant les troubles. En prenant congé de lui à Gênes, nous échangeâmes nos cartes.

Pendant ce temps-là, traversant le Piémont et la Ligurie, dans un bon wagon tapissé en velours rouge, nous laissions derrière nous le fameux cru de l'*Asti spumante*, la patrie d'Alfieri, et nous saluions sur le champ de Marengo la mémoire de Desaix.

Jusqu'à Novi, le pays est généralement plat. La culture est la même que chez nous; j'ai remarqué seulement que les sillons creusés pour les semences étaient plus petits et plus rapprochés. A partir de Novi, changement complet de paysage : à la plaine succèdent une vallée tortueuse et étroite, des rochers à pic couronnés de tours, de ruines, de villages antiques coupés çà et là par des mamelons verts; c'est la vallée de la Scrivia, affluent du Pô. Le chemin de fer franchit onze tunnels avant d'arriver à Gênes.

De Gênes à Pise, 15 avril.

A Gênes[1], ville déjà connue de nous, comme à Turin, nous ne séjournons que quelques heures, employées à traverser les grandes lignes et à visiter le port. Des ruelles en escaliers, pavées de petites briques rouges et bordées de hautes et misérables masures, nous conduisent à une éminence. La vue est magnifique sur la ville, sur la mer hérissée de mâts et de voiles, sur les montagnes nouant sans symétrie leurs crêtes et leurs flancs.

Un soleil radieux embrasait le reflet azuré

---

1. Gênes : capitale de la Ligurie, cité essentiellement maritime, sans histoire littéraire et artistique. Sa population marine et commerçante s'élève à 180,000 habitants. La ville s'étage en amphithéâtre sur le golfe. De la configuration de la côte vient son nom : Gênes, de *genu*, genou. Elle est adossée aux Apennins. Son port de vieille réputation, le plus important de l'Italie et un des principaux de l'Europe, est un hémicycle d'une lieue et demie de tour.

L'histoire de Gênes est composée de luttes, soit à l'extérieur avec Pise et Venise ses rivales, soit à l'intérieur entre ses grandes familles : les Doria et les Spinola du parti des Gibelins, les Grimaldi et les Fieschi du parti des Guelfes. Il y a de beaux palais.

Le cimetière est peut-être le plus intéressant d'Italie pour la profusion, la richesse et l'expression de ses statues.

du ciel sur la mer et de la mer sur le ciel,
et ces vers de Lamartine me revenaient à
l'esprit :

> Le Dieu qui décora le monde
> De ton élément gracieux,
> Afin qu'ici tout se réponde
> Fit les cieux pour briller sur l'onde,
> L'onde pour réfléchir les cieux.
> Aussi pur que dans ma paupière,
> Le jour pénètre ton flot pur,
> Et dans ta brillante carrière
> Tu sembles rouler la lumière
> Avec tes flots d'or et d'azur.
>
> (LAMARTINE: *Adieux à la mer*).

tandis que nous étions emportés à toute vapeur
sur les rivages finement découpés et coquettement ornés de la mer Ligurienne. Si c'est possible, le ciel était d'un bleu plus foncé, plus
velouté que celui de Cannes ou de Nice, la
côte émaillée de villas plus gracieuses encore,
les fleurs s'épanouissaient avec des couleurs
plus vives et exhalaient un parfum plus enivrant.

Dans ce cadre ravissant où tout appelle le

rêve, la paix, le bonheur et l'amour, à côté de cette colonie insouciante d'étrangers qui demandent la distraction à la nature, s'élève, à *la Spezzia*, le redoutable arsenal de la marine royale. Là, sur un espace de neuf cents kilomètres carrés se fabriquent, se réparent, se réunissent les éléments de la plus inexorable réalité : la guerre. Un peu plus loin, les carrières de marbre de Carrare et de Massa se dressent impassibles et glacées en face la mer qui joue, parée de tous les agréments que lui prête le soleil. Attaquées durement par les mains de plusieurs mille ouvriers, elles sont destinées à devenir ces statues grandioses, monuments des deuils et expressions des regrets, qui ornent les tombes et rappellent ceux qui ne sont plus.

Quels contrastes ! que de symboles opposés ! N'est-ce pas la représentation de la vie ? Les sentiments les plus contraires s'y donnent rendez-vous, les larmes sont bien près du sourire, le malheur surprend et étouffe la joie.

Mieux qu'un autre, le voyageur est placé pour saisir la mobilité et la diversité des choses de la terre. Il dépasse un cortège nuptial en liesse ; aussitôt après, c'est un convoi funèbre

qu'il croise. Dans le même wagon se rencontrent : un groupe de jeunes gens gais et
sceptiques, un tout jeune ménage rayonnant
d'espérance, une veuve voilée de crêpe, les
yeux encore humides, un orphelin en proie à
de pénibles souvenirs, un prêtre qui pense à
l'éternité.

Qui n'a pas éprouvé le passage soudain du
bonheur à la tristesse? Qui ne connaît la
lutte déchirante du plaisir et de la peine?
Vraiment la nature est le miroir de l'âme.

De Pise à Sienne, 15-16 avril.

A Pise[1], nous sommes au cœur même de l'Italie. Loin des influences étrangères, soustraits au courant de la civilisation, le tempérament et le caractère italiens se montrent à nu.

A peine avons-nous quitté le chemin de fer que nous sommes assaillis par une troupe de mendiants. Toute leur personne accuse la paresse, la lâcheté, le vice. Les voilà qui nous importunent de leurs services, dont nous n'avons pas besoin, nous accablent de renseignements qui nous sont inutiles, s'attachent à nos pas et nous harcèlent jusqu'à ce que nous leur ayons jeté la légère gratification qu'ils n'ont pas méritée. A la gare, dans les rues, sur les places publiques, dans l'intérieur des églises, ce sont

---

1. Pise : ville de 38,000 habitants, sur l'Arno qui la partage en deux. Son commerce fut très prospère au XIIe et au XIIIe siècle. Dans les dissensions intérieures du pays, elle a toujours défendu la cause des Gibelins. C'est la patrie des Pisani, famille célèbre de sculpteurs, dont les œuvres sont l'ornement des églises et des musées.

les mêmes bandes sédentaires : *ciceroni* improvisés, ouvriers rebelles au travail, cochers sans pratiques, marchands de bibelots, dont la vie se passe à exploiter les étrangers. Des enfants, petits garçons et petites filles, pieds nus, en guenilles, les cheveux au vent, grouillant dans la boue, qui ont appris avec l'usage de la parole la manière de mendier, suivent l'exemple déplorable de leurs aînés.

Toutes les curiosités de Pise sont réunies sur la place du Dôme, un parallélogramme semé de gazon : la Cathédrale, la Tour penchée; le Baptistère et le *Campo-Santo*.

Ces monuments de forme, de dimensions et d'usage différents, étalant leurs pilastres et leurs colonnettes, leurs dômes, leurs ogives et leurs arcades, sont d'un grand effet. Les trois parties qui composent un seul édifice chez nous sont séparées : le Dôme proprement dit ou le temple, le campanile ou le clocher, et le baptistère ; cette disposition a permis aux architectes de faire trois œuvres d'art.

La cathédrale, à cinq nefs, est construite tout entière en marbre blanc avec des incrustations noires et d'autres couleurs. Elle figure une croix avec une coupole au-dessus. La façade, de style roman, est décorée de pilastres et de galeries de colonnettes superposées et diminuant graduellement.

Entrons à l'intérieur : nous éprouvons une impression singulière, commune à toutes les églises d'Italie. Ce qui nous frappe, c'est l'immensité dans laquelle nous baignons, le vide autour de nous ; vide et immensité dus plus encore à l'absence de chaises et de bancs qu'à la grandeur des proportions. On cherche en vain ce recueillement, cette émotion mystique, empruntés chez nous à la maison de Dieu, qui portent à la prière. Ces églises ressemblent à de vastes salles d'attente. Çà et là, quelques bancs disséminés, tournés en tous sens : les touristes assis dissertent sur la valeur des tableaux et des sculptures ou sur d'autres sujets. Des groupes d'étrangers, leur guide à la main, la plupart d'une religion différente, sans souci du grand mystère ou de l'office que chantent les chanoines habillés de rouge, regardent, admirent, critiquent.

Et certes leur imagination et leurs yeux ont ici un champ inépuisable ! les tableaux et les fresques se croisent avec les statues, les mosaïques rivalisent avec les peintures, le bronze et la pierre se défient, le lapis-lazuli se mire dans le marbre : tout cela sous un plafond à caissons ruisselant d'or. Les stalles du chœur sont historiées ; des incrustations de bois clair reproduisent des animaux.

Derrière le maître-autel, une peinture du Sodoma me retient longtemps : « le Sacrifice d'Abraham ». L'innocent Isaac, courbé en deux, tremblant, ne respirant plus, regarde son père d'un œil demi-terrifié demi-suppliant. Abraham le retient d'une main et s'apprête à le frapper de l'autre. Il me représente la personnification de la fatalité antique, avec cette volonté d'agir résolue, cette assurance farouche, cet accomplissement inéluctable de la destinée qui caractérisaient Agamemnon sur le point d'immoler sa fille ou Œdipe allant à la mort. Un ange intervient : de son doigt délicat, il effleure la pointe du glaive étincelante de menace. La sérénité de son regard et la douceur de son geste font un contraste charmant avec le visage sombre et l'attitude terrible d'Abraham.

Dans cette cathédrale se trouve la lampe en bronze qui suggéra l'invention du pendule à Galilée.

De là, nous nous rendons à la tour, prodige d'équilibre, étonnement du monde. Ses huit étages, élégamment découpés en petites colonnes de marbre qui servent de rampe circulaire à l'escalier, mesurent cinquante-quatre mètres. Du bas, le premier étage paraît perpendiculaire, puis l'inclinaison commence et s'accentue jusqu'aux deux derniers étages qui, redressés, sont parallèles au premier.

On atteint la plate-forme par deux cent quatre-vingt-quatorze marches ; la plaine verdoyante de la Toscane s'allonge au Midi, et, au Nord-Est, les sommets aigus des Apennins, fuyant au dernier plan, cèdent leur place à des contreforts moins sauvages.

Le baptistère est remarquable par son acoustique. Tous les sons émis résonnent, toutes les notes jetées aux pierres se répercutent une à une, en remplissant l'enceinte avec un roulement qui rappelle le son des orgues. Tour à tour le gardien chante, siffle, parle, élève et baisse la voix, monte et descend la gamme ;

l'écho fidèle lui rend tout ce qu'il a donné, en l'accompagnant d'un bourdonnement, très doux à l'oreille, qui décline petit à petit et meurt avec la vibration de l'air.

Selon le rite antique, on plonge le corps tout entier dans les fonts baptismaux en marbre jaune et blanc.

Reste le *Campo-Santo,* vaste cloître du XIIIe siècle, qui encadre un carré de terre apportée du mont Calvaire, dans laquelle reposent les cendres des moines. Les murs disparaissent sous les fresques: « la Création du monde, le Triomphe de la mort, — on voit des chasseurs, dans tout le feu du plaisir, arrêtés subitement et effrayés par la rencontre de trois cercueils, — le Jugement dernier, Adam et Ève chassés du Paradis, les Vendanges et l'Ivresse de Noé » dont la composition est aussi gracieuse que naturelle.

Il y a quelques belles statues: celle de la comtesse Mastiani, assise sur la tombe de son époux, « l'Inconsolable ». Tenue lasse; corps épuisé, sans force, sans ressorts; les doigts noués sur les genoux au bout des bras étendus; le regard perdu dans l'infini, détaché à tout jamais de la terre et perçant d'un trait rapide le voile d'azur qui lui dérobe l'être bien-aimé. Ce chef-d'œuvre est de Bartolini.

Une promenade dans les rues de la ville, véritable labyrinthe, et sur les quais étroits entre lesquels l'Arno roule une eau très sale, termine notre séjour dans cette ville.

Nous suivons le fleuve jusqu'à Empoli. Là, nous tournons au Sud pour atteindre Sienne. Nos compagnons de route nous étourdissent par l'élévation de leur verbe, la précipitation de leurs paroles, leurs éclats de rire, la multitude de leurs gestes. Ce sont des Italiens,— par hasard,— car, en Italie comme en Suisse ou dans le Midi de la France, ce ne sont ni les Italiens, ni les Suisses, ni les Français qui circulent, mais la colonie étrangère, cosmopolite, d'Anglais et d'Américains, patriotes de cœur et internationaux d'humeur, touristes intrépides, insatiables de connaissances; quelques-uns de la plus exquise amabilité, tous très versés dans l'art de voyager. Il se signalent à l'attention par un vernis d'originalité puisé à leur vie nomade et indépendante.

De Sienne à Florence, 16-17-18 avril.

A huit heures du soir, nous faisons notre entrée à Sienne[1]; il pleut à verse, des éclairs sillonnent le firmament tout noir. Les premières rues que nous traversons en omnibus, des lignes brisées à pente très raide, sont mal éclairées.

Après un dîner sommaire, nous allons prendre le repos qui seul peut faire oublier une si triste arrivée, en attendant un réveil plus serein. Nous commencions à nous assoupir, quand les cloches de l'église s'agitèrent bruyamment dans l'air lourd. Il était dix heures. Un incendie, sans doute, ou quelque

---

[1] Sienne (23.500 âmes) a brillé par l'éclat des arts aux XIII° et XIV° siècles. Elle est le trône de l'architecture gothique. Elle soutint toujours le parti des Gibelins. Les Siennois s'étant adjoint les Gibelins de Florence infligèrent aux Guelfes, avec l'aide de Mainfroi, roi de Naples, à Monte Aperto, le 4 septembre 1360, la plus sanglante défaite des Annales de la Toscane. Sienne fut l'alliée fidèle de la France pendant les guerres du XVI° siècle.

sinistre de ce genre, auquel les porte-voix du bon Dieu appellent les habitants courageux et charitables? Point du tout. C'est un reste des mœurs patriarcales et des coutumes ingénues du moyen âge: chaque soir, à dix heures, les cloches de l'église sonnent le couvre-feu. Elles annoncent la fermeture des cafés et invitent ceux qui s'y trouvent à rentrer sous leur toit.

De grand matin le soleil frappe nos vitres et inonde nos chambres. Nous sommes émerveillés de la grâce et de l'élégance de la ville : un bijou, une miniature artistique. Taine l'appelait gentiment « une poupée du moyen âge ». Pas une maison qui n'offre certaine trace d'architecture gothique, un échantillon de sculpture, quelque spécimen de décoration. Les monuments principaux sont bâtis en briques rouges, longues, très étroites, et flanqués de tours à créneaux. Deux colonnettes de pierre ou de marbre, surmontées de cintres et d'ogives, partagent les fenêtres en trois croisées. Les rues, sans trottoirs, sont pavées de larges dalles de pierre disposées de chaque côté en s'inclinant vers le milieu de la voie, de façon à creuser une petite rigole pour l'écoulement des eaux.

Très originale la position de Sienne : une pyramide renversée, construite sur trois collines d'argile. Toutes trois descendent par des rues taillées en escaliers et percées sous des voûtes sur la place Victor-Emmanuel, où elles se rejoignent à leur pied.

Cette place semi-circulaire, s'abaissant vers le centre, qui fait fond de cuvette, était jadis le champ des assemblées publiques. Tout autour, de beaux palais gothiques en briques rouges. Au milieu, un fontaine de marbre blanc avec des bas-reliefs symbolisant les vertus chrétiennes ; sur un des panneaux est représenté l'exil de nos premiers parents. L'ange les repousse durement et Ève paraît tout étourdie.

L'abbé Berry dit la messe à la cathédrale. Nous sommes édifiés du grand nombre de communions d'hommes ; la plupart, gens du peuple, s'approchent de la sainte Table avec une simplicité touchante et une foi très vive. Plusieurs ont leur chapelet à la main. Ensuite nous visitons l'église.

Les chanoines portent la cappa violette avec bordure d'hermine; le doyen du chapitre officie, coiffé d'une mitre blanche.

Les piliers qui séparent les trois nefs s'élèvent en assises superposées de marbre blanc et noir, coupées quelquefois de rouge. De chaque côté du vaisseau, une guirlande de médaillons en terre de Sienne : les bustes des Papes. La chaire, de forme octogone, est tout en marbre blanc. Sur ses huit faces a été très artistement sculptée l'histoire du Nouveau Testament: « la Nativité, les Mages, l'Enfant Jésus au Temple, la Fuite en Égypte, le Massacre des Innocents, le Jugement dernier » qui occupe deux panneaux.

Une porte à gauche conduit à une chapelle, sorte de bras de l'église, dont les fresques murales, au nombre de dix, du Pinturicchio, racontent la vie du pape Pie II, de la famille des Piccolomini. Sainte Catherine fut canonisée sous son pontificat.

A l'extérieur, douze degrés de marbre agrémentés de dessins. Comme les piliers intérieurs, la façade est en marbre de couleurs variées : une succession de raies transversales noires, blanches et rouges.

Le bas du portail est roman, le haut gothique, avec de nombreux clochetons et de petites niches ogivales abritant des statues d'anges et de prophètes. Une grande mosaïque, « le Couronnement de la sainte Vierge », sourit au sommet.

Sur l'autre extrémité de la cathédrale s'appuie une coupole, voisine du campanile : tour carrée à six étages, noire et blanche, terminée par quatre clochetons gothiques.

Sienne, à son passé artistique, à ses nobles traditions, à sa gracieuse situation joint un autre privilège plus précieux encore. Elle compte au nombre de ses enfants deux grands saints, aujourd'hui deux gloires de l'Église : sainte Catherine, à qui elle a donné le jour, et saint Bernardin, dont elle a couronné les pieux désirs et satisfait le généreux dévouement.

Sainte Catherine appartenait à une honorable famille de teinturiers, les *Benincasa*, qui ont laissé leur nom à la rue qu'ils habitaient. Elle naquit en 1347 et mourut en 1380, religieuse de l'ordre de saint Dominique. Son intelligence remarquable lui valut d'un écrivain de nos jours ce bel éloge d'être appelée « le premier homme d'État d'Italie au XIVe siècle ». Le pape Grégoire XI eut recours à ses lumières pendant le désordre du schisme. Tout le monde connaît l'histoire mystique de ses fiançailles avec l'Enfant Jésus, de ses stigmates, de son choix de la couronne d'épines contre la couronne de roses, présentées toutes deux par Notre-Seigneur. Ces insignes faveurs ont fourni aux artistes le sujet de charmantes compositions.

La maison de sainte Catherine, très irrégulière, a deux entrées: l'une au fond d'une ruelle, l'autre, un peu plus basse, sur la rue Benincasa. Les trois étages, séparés seulement par quelques marches, ne sont pas superposés, mais s'élèvent sur une ligne oblique. Dans le bas, l'atelier du père Benincasa. Un peu plus haut, la chambre de Catherine, où elle a prié, souffert, expié; à présent une chapelle. Nous y avons fait pieusement notre pèlerinage. — Dans une alcôve, se trouve la pierre nue sur laquelle dormait la sainte. On a conservé aussi une partie de son voile, son cilice, et la pomme du bâton dont elle se servait pour aller visiter les pauvres. Au-dessus de cinq ou six marches, la cuisine ; quelques degrés encore et une cour carrée, découverte, pour prendre l'air. Un second oratoire possède le crucifix qui a imprimé les stigmates.

La tête de sainte Catherine a été déposée à l'église Saint-Dominique, dans un tabernacle d'argent. Les fresques de la chapelle immortalisent les visions et les révélations de l'admirable religieuse.

Une de ces fresques, du Sodoma, est remarquable : sainte Catherine, après avoir reçu les stigmates, n'en peut plus de pieuse émotion et s'évanouit. Elle est là, défaillante, affaissée, les genoux ployés, le corps inerte, la tête inclinée, les bras pendants, soutenue mollement par deux religieuses dont l'œil humide et l'indécision révèlent le trouble et la faiblesse.

Nous sortons après dîner. La grande rue était noire de promeneurs, allant et venant au pas de flânerie, respirant l'air frais en toute liberté avec une satisfaction évidente, causant, riant, discutant ; les femmes nu-tête pour la plupart, les hommes le cigare aux lèvres, les enfants avec leurs jouets: un véritable salon en plein air. Sans distiction de rang, les officiers côtoyaient les soldats, les ouvriers leurs patrons ; les riches et les pauvres se sentaient à l'aise. La rue était bien à tout le monde et tout le monde en profitait.

Quelle idéale soirée de dimanche! Pas de correction affectée, aucune défiance, mais la simplicité, la franchise, la bonne humeur.

Le chemin de fer de Florence traverse les vignobles de la Toscane. En Italie, les vignes sont enroulées en spirales autour des arbres, comme du lierre, et courent de l'un à l'autre. Servir de tige et de support aux rameaux de la vigne: tel est l'unique emploi de ces arbres.

Ces longues guirlandes qui grimpent d'abord sur le tronc et, arrivées au faite, se nouent à l'arbre voisin, se croisant et s'entrecroisant comme les mailles d'un filet, ont été peintes par Lamartine dans ces vers à Elvire :

> Là sous les orangers, sous la vigne fleurie
> Dont le pampre flexible au myrte se marie
> Et tresse sur sa tête une voûte de fleurs...

FLORENCE

18-19-20 avril

FLORENCE

Les Musées.

Florence[1] a été très judicieusement appelée « la ville des arts ». Belles églises, superbes palais, places élégantes ne lui font pas défaut; mais, à mon avis, ce qui prime, ce qui éclipse tout le reste, ce sont les musées. Ces musées,

---

[1]. Florence, capitale de la Toscane. Les Étrusques (Tusci), ses premiers habitants, ont donné leur nom à la Toscane. Son sol est riche en mines de fer et de cuivre. Elle a produit des ouvrages de bronze très appréciés. La Toscane est en pleine prospérité sous la comtesse Mathilde, au commencement du XII° siècle, puis se divise et se démembre. Après l'extinction des Médicis (1737), la Toscane tomba sous la domination de l'Empereur à qui elle fut soustraite à la paix de Lunéville (1801); puis annexée à la France de 1807 à 1814, elle fut incorporée définitivement au royaume d'Italie en 1860.

Florence, assise sur les deux rives de l'Arno, dans une vallée pittoresque fermée par les dernières ramifications des Apennins. D'abord gouvernée par les nobles, elle remit au XIII° siècle son gouvernement aux mains d'un pouvoir militaire, et les Florentins personnifièrent le parti des Guelfes. Les corporations jouèrent un grand rôle. Après de fortes secousses, la noblesse reprit le pouvoir au XV° siècle. Alors brille un nom intimement lié à l'histoire de Florence, source de sa gloire, compagnon de ses progrès; un nom caché sous toutes ses œuvres d'art, inscrit au front de tous ses modu moins les principaux, ont cela de particulier qu'ils n'exposent que des chefs-d'œuvre.

Dire qu'on devient spontanément artiste à Florence serait exagéré, mais il est certain qu'à contempler ces merveilles de l'art le sens esthétique se forme, le goût s'affine, l'imagination s'échauffe; à tel point que dans les musées suivants d'Italie, plus mélangés comme composition, à part quelques toiles qui plaisent et font encore rêver, les autres impressionnent à peine, et l'œil froid les effleure d'un regard indifférent.

La peinture est à Florence la branche de l'art la plus productive. Dans le palais des Offices et le palais Pitti, brille en plein midi ce soleil de la Renaissance dont les rayons s'appellent : Fra Angelico, Le Pérugin, Le Pinturicchio, Léonard de Vinci, Michel-Ange, Raphaël,

---

numents : « Médicis. » De 1429 à 1494, les Médicis gouvernèrent la ville, favorisant de leur intelligence et de leur imagination, en même temps que de leur puissance et de leur fortune, l'essor artistique et le développement politique de Florence. Les Médicis, deux fois expulsés par le peuple ingrat en délire, furent rapatriés et remis en possession de leur siège, d'abord par les Espagnols en 1512, et ensuite par Charles-Quint lui-même. Florence est le berceau du Dante et a donné l'hospitalité à Boccace. Au XV° siècle, elle fut le grand foyer artistique et littéraire auquel les peintres et les sculpteurs célèbres, ainsi que les poètes et les savants, ont emprunté leur éclat. Raphaël et Michel-Ange y séjournèrent pour travailler. C'est à Florence aussi que fut scellée, en 1283, sur le pont des Grâces, la paix entre les Guelfes et les Gibelins.

Fra Bartolomeo, Le Corrège, Le Titien, Palma, Le Tintoret, Paul Véronèse, Le Guide, Le Dominiquin...

Génie du maître, délicatesse de la composition, finesse des détails, expression naturelle et charmante des physionomies, grâce des scènes, peinture fidèle et saisissante des sentiments les plus variés; rectitude du dessin, souplesse du pinceau, heureuse harmonie des nuances, agrément des couleurs : on ne sait ce qu'on doit le plus admirer dans ces tableaux immortels.

Le palais des Offices prolonge la place de la Seigneurie, sœur de la place Victor-Emmanuel à Sienne, jadis le forum. Cette place est un parallélogramme fermé d'un côté par le palais vieux, espèce de château fort qui sert actuellement d'hôtel de ville. On dirait une prison, avec ses fenêtres gothiques cachées dans les gros pavés gris et saillants de la façade et sa couronne de créneaux massifs; une tour très élancée a été ajoutée postérieurement. En face, un large portique, sorte de scène de théâtre, ouvert par trois arcades et décoré de belles statues de marbre : la loge des *Lanzi*. On y monte par une dizaine de marches.

La Seigneurie, au XVIII° siècle, était l'assemblée des chefs de corporations. Savonarole fut brûlé vif sur cette place.

Le musée du palais des Offices est distribué avec un ordre parfait. Chaque salle expose les travaux d'une école ; une salle spéciale dite « la Tribune » contient un choix des œuvres les plus remarquables et les plus appréciées. Un corridor relie ce palais au palais Pitti. Je conserve une impression très vive de certains tableaux ; je dépeindrai seulement ceux qui se présentent les plus nets à mon imagination.

— En premier lieu, la fameuse « Vierge à la Chaise », devant laquelle mon compagnon, sollicité par un mystérieux attrait, est revenu jusqu'à dix-huit fois. Dans les traits délicats, dans les lignes si pures, dans la physionomie sereine, dans le regard limpide et profond de la Madone, il lit des sentiments qui bercent et remuent sa sensibilité, jusqu'à lui arracher des larmes.

Quelle gracieuse position que celle de la Vierge, la tête appuyée tendrement sur le front de son enfant ! Elle enlace dans ses bras et soutient de ses deux mains, posées tranquillement l'une sur l'autre, le petit Jésus penché vers son cœur. L'un et l'autre regardent dans l'espace. Ils semblent y contempler les mystères prodigieux de l'avenir qui expliqueront leur vie : l'Enfant, les cheveux en désordre, les yeux dilatés, avec un certain étonnement naturel à cet âge. Sa mère, le front aussi poli que le verre, la prunelle transparente comme le cristal, porte l'empreinte du *Fiat voluntas* : le calme et la confiance, nés de l'adaptation de la volonté humaine à la volonté divine.

Saint Jean, les doigts noués sous le menton, est lié au regard de Marie.

— « La Vierge au Chardonneret », de Raphaël également. La Madone, écartant son livre ouvert, contemple les deux innocents qui s'amusent à ses genoux. Le petit Jean aux cheveux frisés est ravi ; tout heureux de sa découverte, il présente à Jésus, avec ses deux mains tremblantes de joie, un joli chardonneret. Celui-ci caresse gentiment la tête de l'oiseau en plongeant ses yeux languissants dans ceux de son camarade.

La paix et la pureté : tels sont les deux signes essentiels qu'a tracés le pinceau de Raphaël sur ses figures de Vierge. On y lit la tranquillité parfaite de l'âme, la satisfaction intime de la conscience, l'absence de tout reproche en même temps que de tout orgueil. Pas une ride sur le front, pas un effort dans le regard, les yeux francs et cléments. La beauté extérieure reflète la beauté intérieure.

On rencontre ici-bas une image imparfaite de cette expression douce et bienveillante chez quelques personnes d'élite qui ont identifié depuis longtemps leur volonté avec la volonté divine.

— « La Vierge » de Murillo : elle représente Marie toute jeune. Sa tête ronde, ses traits d'une finesse charmante, sa bouche mignonne, ses yeux doux et ingénus sont éclairés par une physionomie ouverte, innocente, heureuse. Elle a des prunelles veloutées comme la fleur qui vient de s'épanouir ; les premiers rayons du soleil qui baisent l'aube n'ont pas un éclat plus pur. Elle exhale le parfum du matin de la vie, tout emperlé de rosée.

A regarder cette jeune mère de seize ans,

dans la fraîcheur et la simplicité de son âge, le modèle de la grâce, on se prend à l'aimer.

— Le Corrège a choisi, parmi les nombreux titres de Marie, celui qui se répète plusieurs fois à la fin de ses litanies : le titre de Reine. La sainte Vierge, avec la distinction aristocratique d'une souveraine, le regard plein de joie et de légitime fierté, adore son petit Roi couché à terre. La tête à demi abritée sous un voile est coquettement inclinée; les deux mains libres découvrent des doigts minces et souples.

— Guido Reni et Sassoferrato ont peint « la Mère des Douleurs ». Le premier : les prunelles détachées des paupières, fixées au ciel dans un élan sublime de confiance; le second : l'œil humide, errant dans le vide sans but précis et disant la souffrance tempérée par la soumission.

Après les Vierges, image de l'état de grâce, du calme, nous rencontrons, sous les traits du repentir, la vertu démonstrative qui se prête aux grands mouvements.

— « La Madeleine » du Titien : les cheveux enroulés autour du corps, auquel ils servent de vêtement, et retenus par la main sur la poitrine; la tête rejetée en arrière, la bouche entr'ouverte, les yeux immobiles. Elle interroge le ciel et attend sa réponse avec une constance inébranlable.

— Jolie à ravir est « la Madeleine » de Carlo Dolci. Le cou gracieusement tendu fait avec la tête une courbe imperceptible, les cheveux le caressent mollement pour retomber en boucles sur les épaules. Dans la main droite un vase d'albâtre; celle-ci se rapproche de la main gauche qu'elle presse avec effusion sur le cœur : alors jaillit des yeux une expression indicible d'amour, d'espérance et de confiance. Ces yeux troublants, qu'on ne peut se lasser de contempler, remuent l'âme tout entière parce qu'ils transmettent les sentiments les plus profonds et les plus secrets de l'être.

Je ne suis pas surpris que Notre-Seigneur ait pardonné volontiers à la grande pécheresse, si elle avait autant de foi et d'amour qu'il en brille dans son regard.

— « La Contrition de saint Pierre » de Téniers est fort naturelle. Son livre froissé traîne par terre. Ses yeux brûlés par les larmes ont grand'peine à soulever les paupières en feu pour trouver le ciel et implorer le pardon.

Viennent ensuite les sujets plus complexes, les groupes. Donnons en passant un coup d'œil aux « Saintes Familles », admirons comme Jésus caresse gentiment Jean dans celle de Rubens, et arrêtons-nous aux « Descentes de croix », sujet aussi vaste qu'émouvant.

— J'aime « la Descente de Croix » du Pérugin. La tête du Christ est la photographie d'une tête de cadavre, avec ses yeux irrévocablement fermés, sa bouche béante, ses cheveux moites et luisants, cette immobilité, cette rigidité de mort qui fixent toutes les positions du corps. Marie est agenouillée. Le bras glacé de son fils repose sur ses deux mains, tandis qu'elle considère avec amour et tristesse ce visage impassible.

— Imposante aussi « la Descente de Croix » de Fra Bartolomeo. La sainte Vierge, soutenant d'une main le bras de Jésus, applique l'autre sur la tête sans ressort de son enfant qu'elle attire à elle, pour y déposer un baiser silencieux et impressionnant : le baiser de la douleur.

En somme, ce sont les mystères de la Religion, les héros de l'Église et les sentiments chrétiens qui ont inspiré aux artistes leurs plus nombreuses et plus touchantes compositions.

De la peinture de la douleur morale, rapprochons celle de la souffrance physique la plus glorieuse qui puisse être endurée sur terre : le martyre.

— « Le Martyre de saint Sébastien » du Sodoma : saint Sébastien, lié à une colonne, le corps raidi par la torture, les veines et les muscles gonflés par l'effort; une flèche transperce son cou, le sang bouillonne par chaque plaie, et s'écoule goutte à goutte sur la poitrine en traçant un double filet. Les cheveux du saint encadrent sa tête; ils projettent sur son front une ombre propice pour accentuer son regard d'espérance et de confiance éperdues ; contraste frappant avec la grimace de la figure qui trahit une grande souffrance.

— « Le Martyre de saint André » de Carlo Dolci : un vieillard à barbe blanche, amaigri, épuisé, chez qui le sang ne coule plus que lentement dans les veines; les deux bras ouverts devant la croix qui va le recevoir. Sa physionomie, faite des derniers rayons de la vie qui jettent une pâle et suprême lueur avant de s'éteindre, manifeste la foi et l'amour, la satisfaction que l'âge a substituée à l'enthousiasme, l'impuissance de ressentir plus vivement avec d'amers regrets, tandis que des larmes épanchent l'émotion pieuse.

— Citons encore, dans l'histoire de l'Église, l'image de la vocation par Raphaël chez saint Jean. Le précurseur indique du pas et du geste l'élan vers l'avenir; l'expression des yeux, si mobile à cet âge, est sérieuse et sévère. Sur son front large et carré, un pli accuse la lutte, la volonté arrêtée d'atteindre le but qu'il évoque. C'est l'enfant absorbé par une grande pensée; voilà l'idéal, la raison de la vie. Le regard, les pensées, l'allure convergent vers cette idée. C'est vraiment l'envoyé de Dieu consacrant à sa mission tout ce qu'il a reçu de Lui.

Quoique les sujets religieux aient inspiré la plupart des chefs-d'œuvre de la Renaissance, il est cependant des peintures profanes qui, par la vérité, la finesse et la subtilité des sentiments exprimés, les jeux délicats du visage, la beauté des formes, le charme des scènes, l'impression délicieuse qu'elles causent, méritent la même admiration et les mêmes éloges.

— « La Vénus d'Urbin » du Titien. Quelle grâce séduisante, quel charme tentateur, quel mirage de volupté chez cette jeune et jolie femme à carnation blanche et rose, nonchalamment étendue sur un divan, consciente de son succès, un sourire de complaisance errant sur ses lèvres !

— « La Flora » du Titien, ravissante à contempler. Ses cheveux riches et soyeux, sur lesquels les rayons du soleil, en jouant avec eux, ont laissé quelque chose de leur éclat, flottent sur la nuque et viennent mourir sur l'épaule nue. La tête aux lignes si pures oblique légèrement à droite ; les traits fins et aristocratiques, les yeux doux et profonds s'abaissent en même temps que la tête et se reposent avec plaisir dans l'espace sur un rêve qui les amuse. Dans la main droite, la gentille Vénitienne presse des fleurs qui s'épanouissent sous la fraîcheur de ses doigts ; de l'autre, elle relève et arrête sur son sein le voile qui la drape.

— La célèbre « Fornarina » de Raphaël,

belle et jolie femme qu'on admire et qui plaît, chez qui la perfection de l'ensemble s'allie à l'agrément des détails.

— « La Tentation de Suzanne » du Guide. Suzanne, chaste et pudique victime, est livrée à deux vieillards éhontés. Le premier, appuyant le doigt sur la bouche, lui enjoint le silence, tandis que de l'autre il tire à lui le voile qui enveloppe la jeune femme; le second, l'œil en feu, la physionomie louche et grimaçante, odieux, la couvre et la souille de son regard de convoitise.

— Le portrait de Mme Lebrun, fait par elle-même, dans le charme de l'enfance, la bouche coquettement entr'ouverte, le sourire à peine éclos, le regard empreint d'insouciance et de satisfaction.

Promenade. — La Ville.

Il en est du domaine de l'intelligence et de l'imagination comme du domaine du corps, du monde des impressions et des sentiments comme du monde des sensations. Pour favoriser ici et là une vie pleine et normale, il faut la combinaison de divers éléments qui se renforcent ou s'atténuent, se complètent ou se suppléent.

Dans un tableau, certaines couleurs en appellent d'autres, soit pour les mettre en lumière, soit pour corriger ce qu'elles ont de trop dur. L'hydrogène a besoin de l'oxygène et de l'azote pour réaliser, dans l'atmosphère, les conditions de l'air vital.

Les mêmes lois s'appliquent à l'esprit : pour le cultiver et le satisfaire, il faut le concours d'impressions et d'idées prises çà et là, de nature différente, s'alliant entre elles. Jusqu'à présent, nous n'avons contemplé à Florence que l'artificiel, le fruit du génie humain, l'ouvrage de la créature, étude fort intéressante sans doute, mais qui fatigue à la longue et demande, pour être mûrie, la rosée d'un spectacle plus simple, plus net, plus facile à saisir : l'œuvre de Dieu, la nature.

Le soir venu, nous détendons notre esprit et nous reposons nos yeux en gravissant, dans une voiture bien suspendue, les rampes du *Viale dei Colli* à travers des villas, véritables petits nids couronnés de fleurs. Nous nous environs de l'air pur qui nous apporte, par bouffées, le parfum des roses, des orangers et des lauriers sur lesquels il a passé. A mesure que nous montons, la vue grandit à nos pieds. Des crêtes des Apennins qui se présentaient d'abord en face, nous plongeons jusqu'au pied, en rencontrant le mont Oliveto et Fiesole. Dans le bas, au fond de l'hémicycle circonscrit par ces montagnes, s'étale le panorama de Florence : vaste plan de toits de même hauteur, coupé en deux parties inégales par l'Arno ; le niveau est dépassé seulement par quelques dômes et des tours élevées, qui désignent des églises ou des palais et semblent écraser la ville.

Au sommet de la côte, nous atteignons l'antique abbaye de *San-Miniato*, dominant un cimetière en terrasses avec de beaux monuments. L'église romane, pavée de mosaïques, est éclairée au moyen de vitraux de marbre, à veines jaunes, transparents, et qui font pénétrer à l'intérieur du sanctuaire une lumière blonde, légère, très douce à l'œil.

En descendant, je m'arrête devant une tombe fraîchement couverte. Sur la pierre se penche, toute luisante du dernier coup de ciseau, toute blanche dans le marbre que le temps n'a pas encore fané, une jeune fille voilée, immobile, les yeux attachés à la place où repose tout ce qu'elle aimait, un mouchoir dans la main prêt à recevoir ses larmes : c'est une orpheline qui pleure sa mère. Je regarde l'inscription et la date. La moitié d'une année s'était à peine écoulée depuis le malheur, et l'enfant infortunée personnifiait ainsi la présence permanente de son souvenir et de son cœur en ce lieu de deuil. Saisi de pitié et de sympathie, je me signai en regardant le ciel.

Nous rentrons en ville par les *Cascine*, le bois de Boulogne de Florence. Un parc d'une lieue de long, assez étroit, aux bords de l'Arno, qui offre toutes les variétés de la campagne:

eau, prairies, parterres, bois. Il était six heures du soir, l'heure du rendez-vous élégant et aristocratique. Chacun sort paré de ses plus beaux atours, et plus soucieux d'être remarqué, admiré, envié, que de respirer l'air frais et odorant qui monte de la prairie et qui s'échappe de la forêt, ou de se recueillir sous la voûte interminable de verdure que forment, en se rejoignant, les grands arbres inspirateurs du silence et de la réflexion. Nous nous mêlons au défilé de trois ou quatre cents équipages étincelants du brillant des chevaux, du vernis des harnais, non moins que de la richesse et du miroitement des toilettes auxquelles ils servent de trônes.

Avant de quitter Florence nous visitons les principales églises : la cathédrale, œuvre gothique du XIVe siècle, en marbre noir et blanc, imposante par ses proportions. Sa longueur est de cent soixante-neuf mètres et sa largeur au transept de cent quatre. La façade est agrémentée d'ogives, de petites niches et de rosaces qui encadrent des statues ou laissent passer le jour. La coupole, dont l'exécution demanda quatorze ans, est l'œuvre de Brunelleschi ; les restes de cet artiste sont conservés dans l'église. En face le Dôme, le baptistère, édifice octogone. On y pénètre par trois portes de bronze, très anciennes, et divisées en panneaux sur lesquels ont été ciselées, avec une finesse étonnante, par Ghiberti et André Pisano, des scènes de la Bible, de l'Histoire sainte, et des allégories religieuses.

— *Santa Maria Novella*, paroisse des Dominicains. Dans le chœur, des peintures du Ghirlandajo. C'est là que se trouve un Christ en bois de Brunelleschi, triomphe d'un concours de ce sculpteur avec Donatello.

— *Santa Annuntiata* : on est ébloui par le reflet des dorures et des fresques aux couleurs vives qui tapissent entièrement le plafond et les murs. Les trois nefs sont couvertes par une suite de coupoles dont la main des artistes a décoré l'intérieur. Une chapelle, derrière le chœur, renferme un très beau chemin de croix de Jean de Bologne, sculpté sur bronze.

— *Santa Croce*, le Panthéon de Florence ; les monuments funéraires en marbre alternent avec les fresques de Giotto.

Nous saluons les tombeaux de Michel-Ange

(† 1564) : son buste couronné de la triple auréole de la Peinture, de la Sculpture et de l'Architecture sous la figure de trois allégories, — du Dante, — d'Alfieri († 1803), érigé par les soins de son amie, la comtesse d'Albany, qui est représentée pleurant sur lui, — de Machiavel († 1527) avec cette fière inscription : « *Tanto nomini nullum par elogium*, » — de la comtesse d'Albany, deux anges prient pour elle, — de Galilée.

Des chapelles appartenant aux grandes familles couvrent les cendres de ceux dont elles portent le nom. Dans celle des Médicis, on voit un « Couronnement de la Vierge » de Giotto : des sentiments très purs sont rendus avec une naïveté, une ingénuité qui caractérisent l'enfance de l'art, les premières années de la Renaissance.

Chemin faisant, nous avons traversé rapidement, en compagnie de son obligeant directeur, M. Supino, le musée national. Il possède un flabellum antique en parchemin, aux couleurs un peu altérées, provenant de Tournus, ville de notre diocèse, et maladroitement échu à Florence par une suite de concessions. Nous remarquons de magnifiques tapisseries, des stalles et un pupitre du XVᵉ siècle, ornés de marqueteries claires ; de jolis ouvrages en ivoire, des bas-reliefs en terre cuite émaillée, spécialité des « della Robbia ». Les plus anciens, blancs sur fond bleu, sont dus à André, les autres, de nuances diverses, à son frère Jean.

De Florence à Rome. Orvieto, 20-21 avril.

A six heures du soir, l'express de Rome nous emporte au centre de la presqu'île. Nous dînons en wagon-restaurant à côté de deux jeunes mariés: le repas original fournit à leurs prévenances un théâtre favorable.

Il fait nuit quand le train s'arrête à la gare d'Orvieto, où nous descendons seuls. Une pluie fine et serrée tombe sur le quai. Dans la cour, nous cherchons en vain un omnibus. Un individu, dont l'obscurité m'empêche de distinguer les traits et le costume, s'empare de nos valises et nous devance de quelques pas.

Le voilà qui nous pousse dans une espèce de boîte, plus sombre encore que la cour; à la lueur pâle et vacillante d'une lampe dont la provision d'huile était épuisée, j'entrevois de mauvaises banquettes de bois et des vitres mal jointes. Un soldat à l'air ahuri s'assied près de nous. Un homme à casquette dévide un rouleau de papier, en déchire deux morceaux qu'il nous tend, demande quelques sous, appuie sur un ressort, et la boîte s'ébranle. Nous étions dans un funiculaire.

Dix minutes plus tard, cet étrange véhicule nous dépose sous un kiosque en bois, au bout duquel se détache l'enseigne d'un omnibus; je m'y précipite et nous arrivons promptement à une maison, moitié hôtel moitié auberge, où nous passons la nuit.

Orvieto, ville de sept mille habitants, perchée au faîte d'un rocher de tuf, est célèbre par sa cathédrale, la plus belle d'Italie pour la profusion et la richesse des mosaïques, et par le miracle dont elle perpétue le souvenir. Sa construction remonte à la fin du XIIIe siècle.

La façade, — cinquante-deux mètres de haut sur quarante de large, — peut se décomposer en deux étages, délimités par une galerie à jour: en bas, trois portails avec trois frontons; au-dessus, entre trois frontons, une rosace encadrée par les statues des apôtres et des prophètes debout sous de petites niches en marbre. Les frontons supérieurs sont flanqués de quatre clochetons gothiques. Entre les frontons inférieurs s'élèvent de larges piliers, en pierre grise presque noire, sur lesquels sont minutieusement travaillés des sujets de l'Histoire sainte et le Jugement dernier. A l'intérieur des six frontons brillent des mosaïques sur fond d'or: « les Mystères de la sainte Vierge. » On ne sait ce qui ravit le plus de l'étendue des dimensions, de la netteté du dessin ou du reflet agréable des couleurs.

Cette église a été bâtie pour recevoir le corporal teint du sang de Notre-Seigneur à Bolsène, paroisse voisine, dans les circonstances suivantes. Dans la seconde moitié du XIIIe siècle, un prêtre bohémien, hanté depuis quelques temps par des doutes sur la présence réelle de Jésus-Christ dans l'Eucharistie, célébrait la messe à Bolsène. Au moment où il partageait l'hostie, avant la communion, des gouttes de sang perlèrent et tombèrent sur le corporal en y figurant l'image du Sauveur crucifié. Le corporal, marqué du sang de Notre-Seigneur, est soigneusement conservé et garde son auguste empreinte. Le magnifique reliquaire en argent émaillé, de soixante-trois centimètres d'élévation sur un mètre quarante de largeur, est la miniature de la façade de l'église.

Les étrangers ne doivent pas honorer souvent cette ville de leur visite, à en juger par l'étonnement que soulève notre présence et la curiosité que nous excitons parmi les naturels de la localité, malpropres, bruyants, paresseux.

Nous nous laissons glisser jusqu'au pied du rocher, dans le véhicule primitif qui nous avait montés la veille, et nous suivons en chemin de fer la rive gauche du Tibre, des prairies plantées d'eucalyptus. A deux heures de l'après-midi, nous sommes à Rome.

ROME

Du 21 au 25 avril

ROME

A Rome, plus que partout ailleurs, ces notes revêtiront le caractère d'impressions personnelles. Elles seront nécessairement incomplètes, vu le peu de temps que nous sommes restés dans cette ville et la rapidité avec laquelle nous en avons visité les curiosités. Néanmoins nous nous estimons très heureux d'avoir vu deux fois le Saint-Père en cinq jours.

Premières impressions.

Comme l'entrée à Rome[1] est impressionnante ! Dès que le pied en foule le sol, les réminiscences de près de trois mille ans d'histoire

---

1. La fondation de Rome par Romulus et Rémus date de l'an 754 avant J.-C.; le Palatin est la partie la plus ancienne. Jusqu'à la fin du siècle dernier, Rome a été soumise à quatre régimes successifs : la Royauté, la République, l'Empire et la Papauté. Après 1798, Rome fut ballottée dans l'instabilité la plus complète. D'abord en république,

affluent dans l'esprit et se répercutent dans le cœur par des sentiments correspondants. Avant tout, nous sommes dans la capitale de l'Église, qui lui a été donnée par la France : double émotion pour un chrétien et un Français. Rome est le théâtre de ces luttes interminables, de ces guerres et de ces révolutions sanglantes, de ces actes d'héroïsme et de ces crimes, qui ont rempli les vieilles annales et fourni le thème de nos études classiques.

Rome, reine du monde, phare de l'univers, arbitre des destinées humaines, trône des arts, sanctuaire des Muses, chaire de l'éloquence dans l'antiquité ; Rome abri de tant de grandes vies, couronnée de noms illustres dont la gloire trace une auréole sur son front, séjour et patrie de Cicéron, de Virgile, d'Horace, de César, d'Auguste ; Rome rongée sourdement, minée, désagrégée petit à petit par la corruption des mœurs et la lèpre du vice ; Rome s'écroulant tout à coup avec un fracas d'autant

réunie à la France de 1809 à 1811, de nouveau en république, rendue au pape Pie IX en 1850 par les Français qui le ramenèrent sur son siège, envahie par les Garibaldiens en 1867, elle fut inféodée au royaume d'Italie le 20 septembre 1870, après cinq heures de bombardement.

plus grand qu'elle tombe de plus haut et un craquement qui secoue la terre tout entière, sous les regards du monde étonné; Rome arrosée du sang des martyrs, possédant, mêlées à sa terre, les cendres des premiers apôtres, résidence du chef de l'Église : que de pensées! que de souvenirs! quelles leçons!

Chateaubriand entrant à Rome s'écriait : « Il me serait impossible de vous dire ce qu'on éprouve lorsque Rome vous apparaît tout d'un coup. La multitude des souvenirs, l'abondance des sentiments vous oppressent, votre âme est bouleversée à l'aspect de cette Rome qui a recueilli deux fois la succession du monde comme héritière de Saturne et de Jacob. »

En réponse à son livre « Rome notre capitale » qu'elle lui avait offert, Pie IX écrivait à Mlle Zénaïde Fleuriot: « Cette Rome, qui autrefois dominait au loin par la puissance des armes, étend aujourd'hui par la religion son empire jusqu'aux extrémités du monde. Elle est devenue la patrie commune des chrétiens par l'éclat que lui donne la chaire glorieuse du vicaire de Jésus-Christ, et elle attire à elle tous les esprits et tous les cœurs. »

J'ai fait absolument la même remarque. Le sentiment le plus vif, le plus poignant qu'on éprouve à Rome, celui qui commande tous les autres, est le sentiment religieux. Le premier soin des étrangers, dès leur arrivée dans la Ville Éternelle, est de solliciter une audience du Saint-Père, la permission d'entendre sa messe, une occasion quelconque, si fugitive soit-elle, de le voir et d'obtenir sa bénédiction.

Il est regrettable de ne pas toujours rencontrer au Vatican la complaisance que serait en droit d'attendre ce pieux désir. L'eau bénite de cour se donne avec une rare libéralité, elle pleut. Nous avons heureusement trouvé, dans la maison militaire du Souverain Pontife, un introducteur très loyal et très condescendant ; nous lui gardons une reconnaissance profonde pour l'inoubliable cérémonie à laquelle nous avons assisté le 24 avril.

24 avril. La Messe du Pape.

Il est huit heures moins quelques minutes quand nous descendons de voiture à la porte du Vatican. Promptement nous gravissons les marches de l'escalier royal, entre les gardes suisses et les gendarmes qui assurent le service d'ordre.

La chapelle Sixtine était comble. Un pèlerinage belge en occupait les deux premiers tiers. Près de la porte d'entrée, sous les deux tribunes latérales réservées aux dames, se pressaient debout, serrés les uns contre les autres, les invités munis de billets de faveur.

Pour bercer son attente, les fresques du plafond et des bas côtés racontent à cette foule compacte et impatiente, avec une éloquence très persuasive, l'Histoire sainte et la vie de Notre-Seigneur. Derrière l'autel s'étale, extraordinaire dans ses proportions et dans la complication de son sujet, le célèbre « Jugement dernier » de Michel-Ange, assemblage étonnant de têtes et de corps sur un panneau qui mesure vingt mètres de haut sur dix de large.

Un garde noble nous fait traverser l'assemblée et nous conduit au premier rang, à gauche de l'autel, au pied du trône pontifical. Deux places nous avaient été réservées, en même temps que l'invitation m'était adressée, par les soins du comte de Courten, colonel de la garde pontificale suisse, à l'obligeance de qui une alliance de famille m'avait recommandé.

Les nefs de la chapelle sont occupées par les gardes suisses qui s'échelonnent deux à deux de huit en huit mètres. Leur riche tunique bouffante à raies perpendiculaires noires et jaunes, retombant sur leur culotte serrée au genou et découvrant des bas de même couleur, leur toque jaune, leur hallebarde polie et reluisante au grand jour font un contraste frappant avec la couleur noire d'étiquette qui met l'assistance en uniforme : les dames en robe noire, la tête couverte d'une mantille; les hommes, pour la plupart, en frac et cravate blanche. A la porte, se tiennent les gendarmes du Vatican en habit à queue avec des grenades et une écharpe jaune.

Le rideau qui ferme l'entrée de la chapelle Sixtine se lève, et nous apercevons dans les galeries, bien loin encore, s'avançant lentement, majestueusement, l'imposant cortège attendu avec une religieuse anxiété. Toutes les têtes se retournent, des cris et des *vivats* formidables s'échappent des poitrines, les dames agitent leurs mouchoirs avec enthousiasme.

Douze gardes nobles, en bottes à l'écuyère, le casque sur la tête, l'épée au côté, ouvrent la marche. Derrière eux viennent les prélats et les cardinaux. Enfin sur la *Sedia gestatoria*, sorte de fauteuil à dossier élevé, rouge et tout garni d'or, reposant sur les épaules de huit porteurs en pourpoint couleur lie de vin, apparaît Léon XIII : le Souverain Pontife, le successeur de saint Pierre, le premier prêtre, le roi de la Chrétienté, l'ambassadeur de Dieu sur la terre, — un vieillard octogénaire à la figure pâle et décolorée, au teint transparent, à la face ridée, à la physionomie calme et bienveillante. Il regarde avec complaisance la foule frémissante qui l'acclame, et la bénit d'un geste ininterrompu, portant sans cesse de droite à gauche et de gauche à droite cette main, couleur de cire, qui dit en tremblant son affection et ses vœux. Quelques prélats suivent le Pape.

Au pied de l'autel les porteurs déposent à terre leur précieux fardeau. Le Saint-Père descend de sa *Sedia gestatoria*. Alors apparaît cet auguste vieillard, voûté, courbé en deux, dont le corps s'affaisse sur les jambes qui fléchissent, balançant ses bras pour lui rendre l'équilibre et laissant tomber sa tête que les nerfs détendus ne peuvent plus soutenir. Seuls, ses yeux reflètent encore la vie, et une vie assez intense, qui semble s'être réfugiée tout entière avec le sang dans le cerveau. Il porte une soutane en moire blanche avec un camail en velours rouge à col d'hermine, des bas de laine blanche très lâches et des pantoufles rouges.

Après quelques minutes d'oraison, le Pape, revêtu de l'aube et de la chasuble, commence la sainte Messe. Le psaume initial achevé, il monte à l'autel, soutenu par deux prélats assistants, pose d'une main vacillante ses lunettes sur ses yeux, et récite les prières qui lui sont indiquées sur le missel.

Les douze gardes nobles, l'épée au poing, dessinent un fer à cheval autour de l'autel. Les cardinaux et les prélats se groupent sur la droite. Deux officiers de chambre en costume Henri IV, deux autres en habit de cérémonie, restent debout au coin des marches.

Voilà l'élévation. Dieu va s'immoler entre les mains du Pape. Le saint Sacrifice est sur le point de se consommer, et le Pontife suprême est l'intermédiaire de Dieu et des hommes, du ciel et de la terre. Par lui, les fidèles offrent à Dieu, avec l'immolation de son Fils, leur adoration, leur repentir, leurs sacrifices, leurs souffrances et leurs requêtes. Il semble qu'en cette circonstance unique, avec un avocat si puissant sur le cœur de Notre-Seigneur, si élevé en dignité, deux fois imposant par le prestige de la vieillesse et de la sainteté, Dieu doive exaucer tout particulièrement les prières qui lui sont adressées. La confiance est ardente dans notre âme. C'est l'heure de prier pour notre salut, d'intercéder pour ceux que Dieu a ravis à notre affection, de recommander à la divine Providence nos parents et nos amis, d'appeler sur nous-mêmes et sur tous ceux qui nous sont chers les mérites infinis du mystère de la Rédemption. Ils rayonnent abondants en cet instant que le ciel et la terre se disputent.

Jésus-Christ descend sur l'autel. Tous les fronts s'inclinent. La garde militaire, dans un mouvement superbe, tombe à genoux, l'épée basse, la main au casque. Jusqu'à la communion, le Saint-Père, en prononçant les prières liturgiques, ne cesse de se faire, devant le Rédempteur qu'il contemple et qu'il sacrifie, l'interprète des quinze cents chrétiens assemblés dans la chapelle.

La messe terminée, le Pape est dépouillé des ornements sacerdotaux et vient s'agenouiller sur son trône. Il étend préalablement son mouchoir de soie blanche sur le coussin du prie-Dieu, et, cachant sa tête entre ses mains, s'abîme dans une méditation profonde. Pendant ce temps-là, le secrétaire particulier de Sa Sainteté, Monseigneur Angeli, dit la messe d'action de grâces. Détail particulier : au lieu de réciter les premières et les dernières prières devant le tabernacle, le célébrant se tient du côté gauche de l'autel, vis-à-vis le trône pontifical.

Avec une force de résistance incroyable que nous nous expliquons seulement par une contemplation très intense et une absorption totale de l'être en Dieu, Léon XIII, à l'âge de quatre-vingt-huit ans, reste à genoux pendant trente-cinq minutes consécutives. Nous ne le quittions pas des yeux. A un certain moment il se soulève légèrement, tire de sa poche une jolie tabatière en ivoire, toute blanche, et en extrait une petite prise qui fait passer sur son visage blême et dans ses yeux impassibles un rayon de satisfaction : ce n'était pas positivement un sourire, mais une détente des traits, une lueur à peine perceptible dans le regard, une expression fugitive de bien-être sur la physionomie.

Après un déjeuner sommaire pris à la sacristie, le Saint-Père nous donne de nouveau sa bénédiction. Je n'oublierai jamais le spectacle de ce vieux Pontife, le front ceint de la tiare sous laquelle il paraît écrasé, secouant brusquement et par saccades son corps débile, qui semble mû par un ressort, pour articuler, syllabe par syllabe, d'une voix grave, chevrotante, entrecoupée, les paroles de la bénédiction; je vois encore ce bras inerte se balançant sur nos têtes d'un geste très ample pour se maintenir suspendu.

O bénédiction sublime d'un Pape et d'un octogénaire, bénédiction s'épanchant du plus intime d'un cœur affectueux, vous nous porterez bonheur ainsi qu'à tous ceux à qui nous pensions en cette minute solennelle et dont nous avions le nom sur les lèvres pour que les paroles saintes le consacrent!

C'était la seconde fois que nous nous trouvions en présence du Souverain Pontife. La veille, nous avions suivi le pèlerinage belge à l'audience qui lui était donnée dans la salle ducale. Mais n'étant pas comme aujourd'hui sous l'aile d'un puissant protecteur, nous n'avons fait qu'entrevoir Léon XIII, remarquant son regard fier, lucide, intelligent, et vivement impressionnés par l'écho de sa voix qui arrivait avec peine à nos oreilles, par soubresauts, nous apportant sa bénédiction.

Le Vatican.

Le Vatican est situé au Nord-Est de la place Saint-Pierre quand on regarde l'église : de hautes maisons contiguës, percées d'une quantité de fenêtres. La base disparaît derrière les galeries circulaires qui font le tour de la place. Sous ces galeries est l'entrée des voitures qui donne accès dans la cour Saint-Damase et par où sont introduites les visites de cérémonie. Le Vatican, vu de la ville, produit peu d'effet. Qui dirait un palais d'une superficie de cinquante-cinq mille mètres carrés, dont vingt-cinq mille environ pour ses vingt cours?

C'est la résidence papale depuis 1377, époque de la rentrée des Papes à Rome après leur séjour à Avignon. Primitivement, les Souverains Pontifes habitaient le palais de Latran qui jouit aujourd'hui, avec le Vatican, du privilège de l'exterritorialité.

D'immenses jardins, peuplés de toutes les productions et de tous les ornements de la campagne, charment la prison de l'auguste

Pontife. De larges allées, bien sablées, dans lesquelles le Saint-Père se promène en calèche, les sillonnent ; certaines ont plusieurs kilomètres.

Quelle variété de culture ! Ici on voit un bosquet touffu, délicieux de fraîcheur, égayé par le concert des oiseaux. Là, des haies de buis s'élancent à plusieurs mètres, et se rapprochent en tressant une voûte de verdure pour protéger le front du saint prisonnier contre les rayons trop ardents du soleil. Un peu plus loin, une terrasse en éventail étale des vignes luxuriantes. Les fleurs les plus parfumées, les plantes les plus rares, des roses ravissantes sont cultivées avec un soin minutieux dans les parterres.

Sous une grotte, au milieu d'une pelouse, dans un massif, une petite fontaine de marbre ou de pierre distille une eau limpide qui clapote mélodieusement en tombant dans un réservoir. De distance en distance, des calvaires, des statues de la sainte Vierge et des saints : autant de pèlerinages. Dans une cour grillée se trouvent des volailles, des oiseaux, des cerfs, des animaux de tous pays, offerts par les missionnaires au Pape. Du côté de la campagne, l'œil dépasse les sombres murs qui révèlent l'exil, la persécution; il peut errer librement sur la plaine et rencontre quelques maisons, des troupeaux, un clocher.

Un pavillon composé de quelques pièces, élevé à l'extrémité des jardins, sur les plans de Léon XIII, lui sert de maison de campagne. Il n'est pas rare, pendant les chaleurs, que le Saint-Père s'y installe quelques jours pour se reposer ou travailler plus librement.

Après avoir fait le tour des jardins, nous visitons la fabrique de mosaïques. Une vingtaine d'artistes exécutent l'œuvre de patience qu'on appelle « les Mosaïques » : étendant d'abord sur le plan qui doit recevoir l'empreinte une couche de mastic, puis creusant, à mesure que le dessin prend figure, de petits carrés dans lesquels ils intercalent les minuscules pierres broyées, ciselées, polies, dont la juxtaposition doit produire les formes. On nous montre certains de ces ouvrages, faits de milliers de petites mosaïques qui s'accusent de près par des lignes imperceptibles; c'est le fruit de dix, quinze et vingt ans d'un travail minutieux et suivi. Quelques mosaïques sont des parcelles de marbre extraites des carrières ; la plupart sont obtenues artificiellement avec de la terre et d'autres matières qui les colorent, cuites et durcies au four.

Au musée de sculpture du Vatican se trouve le célèbre « Apollon du Belvédère ». Le musée de peinture comprend trois parties : — les Chambres de Raphaël, quatre salles ornées de tableaux du glorieux artiste. « L'Incendie du bourg » éteint subitement par un signe de croix du Pape attire l'attention des visiteurs. On y contemple toutes les poses de la surprise et les différents mouvements provoqués par la frayeur : la fuite, la paralysie, l'affolement, l'abnégation charitable, l'égoïsme honteux. — Les Loges, galerie carrée qui borde la cour Saint-Damase. Le pinceau de Raphaël a égayé les voûtes et les murs de gracieuses représentations de l'Histoire sainte aux couleurs claires. — Enfin, la *Pinacoteca,* musée proprement dit, où sont exposées les œuvres des principaux peintres italiens.

Je m'arrête longuement devant « la Communion de saint Jérôme » du Dominiquin. La figure de ce vieillard, sur le point de recevoir le viatique, me rappelle celle de saint André, de Carlo Dolci, en présence de la croix sur laquelle il va être martyrisé. Ce sont deux vieillards, pénétrés l'un et l'autre d'une émotion religieuse très intense qui ne peut pas tendre assez, à leur gré, les fibres relâchées de leur cœur et les nerfs dénoués de leur corps. Saint Jérôme est affaissé. Ses genoux se refusent à porter dans l'attitude du respect et de la prière son corps qui se renverse en arrière. Ses bras ouverts et soulevés péniblement appellent son Sauveur, en même temps qu'ils accusent sa faiblesse. Pâle et froid comme la mort, l'œil, dans lequel l'âge a éteint depuis longtemps la flamme, se dilate démesurément pour exprimer l'amour, la fidélité, la reconnaissance et la confiance. Quel contraste avec la candeur ingénue de l'enfant aux cheveux blonds qui le regarde, la prunelle brillante, l'œil légèrement ombré !

Les quatre anges qui font la chaîne dans le haut montrent les sentiments et les gestes de l'enfant en face d'un grand spectacle : la curiosité téméraire, il se rapproche et étend la main pour saisir; l'indifférence qui fait glisser l'œil ailleurs et l'attache à une bagatelle; le trouble, le saisissement, Dieu est invoqué les mains jointes; l'intérêt, avec la fixité du regard qui enveloppe, qui perce et auquel n'échappe aucun détail.

— « L'Adoration de l'Enfant Jésus » de Giovanni Spagna. J'aime le naturel du petit Jésus couché, avec une grâce charmante, sur une couverture bleue, un doigt devant la bouche.

— « L'Annonciation » du Baroche. C'est l'innocence souriante de deux anges qui brille au front de la Vierge et de saint Michel et les illumine, comme en apothéose.

— Le Guide, dans « le Crucifiement de saint Pierre », a stigmatisé ses bourreaux sous les traits les plus repoussants. Ils sont horribles à voir, avec leurs yeux prêts à sortir de l'orbite et leurs gestes farouches qui tiennent plus de l'instinct de la brute que du caractère de l'homme.

Admirons enfin deux toiles de Raphaël qui ne sont pas le moindre ornement du musée : « la Madone de Foligno » et « la Transfiguration ».

— « La Madone de Foligno. » Marie assise sur les nuages, sous un dais formé par les anges, garantit de son voile Jésus qui s'amuse. Elle regarde avec bienveillance saint Jérôme qui lui présente Sigismond Conti, une main sur la tête de celui-ci, l'autre ouverte et tendue en signe de dévouement. Vis-à-vis, saint François, agenouillé aux pieds de saint Jean-Baptiste, brandit la croix.

— « La Transfiguration. » Les deux bras en l'air, le regard attaché au ciel, Jésus-Christ s'élève sur les nuages, suivi de Moïse et d'Élie. Saint Jean, saint Pierre, saint Jacques, étendus à terre sur la montagne, sont éblouis par l'éclat de leur Maître. L'un baisse les yeux à l'ombre de sa main fixée au front; l'autre, renversé par la lumière qui l'aveugle, ferme les paupières et crispe sa figure, en se protégeant instinctivement avec les doigts; le troisième se cache derrière celui-ci pour ne plus rien voir. A gauche, dans l'ombre, saint Laurent et saint Étienne en prière.

La partie inférieure du tableau, exécutée par les élèves de Raphaël, représente la guérison d'un possédé. Quelle horreur! des yeux blancs, hagards, la bouche démesurément ouverte, les bras violemment tendus et les doigts raides et écartés; le délire qui secoue toute sa personne fait trembler quiconque l'approche. Un disciple, dont la tête est copiée sur une tête de Christ, modèle de douceur et de beauté, le montre au peuple.

Rome chrétienne.

Le Vatican forme une cité à part. Nous décomposons Rome en deux parties correspondant aux deux phases maîtresses de son histoire : Rome païenne et Rome chrétienne. Rome païenne ne renferme plus guère que des ruines, mais des ruines parlantes par les souvenirs qu'elles rappellent, multiples et familiers.

Rome chrétienne, par les tombeaux des apôtres et les Catacombes, se rattache aux origines premières du Christianisme, et toutes les périodes de l'histoire religieuse se déroulent dans ses églises sans nombre. Celles-ci ont été élevées, soit en l'honneur des restes précieux qu'elles abritent, soit pour accomplir le vœu d'un prince ou d'une population ; il y a encore d'anciens temples, désertés à l'agonie du paganisme, qui ont été consacrés au culte catholique par les ardents néophytes. Plusieurs semaines seraient nécessaires pour visiter toutes les églises de Rome ; aussi nous bornons-nous à celles qui, par leur vocable, la pureté de leur architecture, l'élégance de leur décoration, leurs richesses et leurs reliques, offrent le plus d'intérêt.

En sortant du Vatican nous entrons à Saint-Pierre : combinaison d'une série de plans échangés et repris, auxquels les grands maîtres de l'art ont tous travaillé.

C'est là que Charlemagne reçut, en l'an 800, la couronne impériale des mains de saint Léon III.

Quelles vastes et grandioses proportions ! quel espace ! quelle hauteur humiliante ! quel vide impressionnant ! Une illusion complète sur les véritables dimensions des détails noyés dans l'immensité. La nef mesure cent quatre-vingt-sept mètres. Les visiteurs qui se regardent de chaque côté se font réciproquement l'effet de petites mouches. Quand on les contemple des piliers opposés, les énormes statues, la *Pietà* de Michel-Ange, les fondateurs des Ordres religieux, sont imperceptibles et semblent reculer à mesure qu'on s'en approche. Les quatre Évangélistes, gravés en mosaïques de quatre mètres carrés aux quatre coins, paraissent des images de quelques centimètres. La coupole gigantesque s'élève fièrement au-dessus de l'église. Elle indique à toute la capitale qu'elle domine la place précise où repose, sous un baldaquin en bronze doré, le corps du premier Pape, de celui à qui Notre-Seigneur a donné cette insigne garantie, imprimée en caractères de deux mètres sur la frise intérieure : *Tu es Petrus et super hanc petram œdificabo Ecclesiam meam et tibi dabo claves Regni Cœlorum.*

Après avoir prié sur le tombeau de saint Pierre, nous traversons la noire prison Mamertine, et nous allons vénérer les instruments de son supplice, les chaînes sacrées avec lesquelles il fut garrotté.

La basilique Saint-Pierre-ès-Liens, construite pour les recevoir par les soins de l'impératrice Eudoxie, femme de Valentinien II, a pour nous un intérêt particulier : elle est aujourd'hui le titre cardinalice de notre éminent évêque, Monseigneur Perraud.

Les chaînes formées d'une suite d'anneaux de fer allongés, passés les uns dans les autres, se trouvent dans une crypte découverte à laquelle on descend par quelques marches. Elles sont renfermées à l'intérieur d'un reliquaire de bronze dont on ouvre les portes pendant que mon ami célèbre la messe sur l'autel privilégié.

Le principal ornement de cette église est le « Moïse » colossal de Michel-Ange, en marbre : le front dur et ridé, les yeux fulminants, les veines gonflées, la barbe hérissée. L'idolâtrie des Juifs est la cause de ce redoutable courroux ; le législateur est vivant, prêt à crier et à frapper. On s'attend à le voir bondir.

Le nom de saint Pierre évoque celui de saint Paul. Les deux apôtres sont inséparables dans notre mémoire, comme ils l'ont été ici-bas dans l'œuvre de Dieu.

La basilique Saint-Paul est située en dehors des murs ; on y vénère les liens et les cendres du martyr. Je pense que pour la richesse, le luxe et l'éclat, cette église est la première de Rome ; nous sommes éblouis, aveuglés. Granit, marbre, malachite, mosaïques miroitent et scintillent. Le pavé est poli et luisant comme le verglas ; on hésite à poser le pied de peur de glisser. Quatre-vingts colonnes de granit du Simplon soutiennent cette basilique royale. A l'entrée, se dressent deux colonnes jaunes en albâtre d'Orient. Elles ont été offertes par le vice-roi d'Égypte au pape Grégoire XVI, avec les quatre colonnes sur lesquelles s'appuie le baldaquin au-dessus du maître-autel. Nicolas Ier de Russie a donné les bases de malachite. Un collier de médaillons en mosaïques, — tous les Papes depuis saint Pierre jusqu'à Léon XIII, — fait en courant sur chaque nef plusieurs fois le tour de l'église.

Dans la sacristie sont précieusement conservées les chaînes de saint Paul; les anneaux de fer entrelacés sont plus longs que ceux des chaînes de saint Pierre, et séparés en deux parties par une petite proéminence intérieure de chaque côté, qui les ferme à demi.

Une route pavée de cailloux conduit en une demi-heure à « Saint-Paul-Trois-Fontaines ». C'est là que le martyr fut décapité. Sa tête fit trois bonds et une fontaine jaillit aux trois places où elle toucha terre. En mémoire de ce fait, trois chapelles s'élèvent à l'ombre des eucalyptus que les Trappistes, propriétaires du lieu, ont plantés pour assainir le pays. Sur les dalles d'une chapelle s'épanouissent quatre mosaïques, symbolisant les quatre saisons par les fleurs, les épis, les fruits, les feuilles. La campagne est pauvre et désolée, la terre mal cultivée, jaune et nue, misérable comme les paysans déguenillés qui la travaillent.

Je me rappelle cette parole géniale de Mme de Staël : « A Rome la terre est trop fatiguée de gloire pour daigner produire. » Châteaubriand passant par là disait : « La Campagne de Rome est triste et imposante. Point d'oiseaux, point de laboureurs, point de mouvements champêtres, point de mugissements de troupeaux, point de villages. Des ruines, des lits de torrents déserts, la terre est demeurée antique comme les ruines qui la couvrent. »

Les Catacombes. Le Panthéon.

Nous suivons la voie Appienne, foulée jadis par tant d'illustres personnages, confidente des plus graves projets politiques. Toute pavée, bordée çà et là d'antiquités romaines, de débris de tombeaux, de restes d'aqueducs, elle court sur une grande longueur au-dessus des ramifications de galeries souterraines qu'on appelle les Catacombes. J'ai nommé une des curiosités les plus intéressantes de Rome et aussi des plus impressionnantes. A ce nom revit dans notre esprit l'ère des persécutions odieuses, dont le récit faisait frissonner notre sensibilité vierge quand, petits enfants, nous apprenions les premières pages de l'Histoire; voilà les scènes de Fabiola, lues autrefois avec un intérêt si attachant, les traits farouches des Néron et des Dioclétien que nous détestions de tout notre cœur.

Les Catacombes, affectées primitivement aux sépultures, abritèrent plus tard contre la rage païenne les cérémonies religieuses des chrétiens : de longues galeries très étroites, — soixante à quatre-vingts centimètres de large, — assez hautes pour qu'un homme de taille moyenne puisse s'y tenir debout, sinueuses comme la piste du serpent, pleines de détours imprévus, se croisant, se joignant, se séparant ; un dédale de corridors obscurs, parallèles et perpendiculaires, se remorquant pour se perdre ensuite et se rattacher à d'autres ; un véritable labyrinthe, l'image sous terre des rails de chemins de fer dans une grande gare.

Nous marchons à la clarté tremblante des petits morceaux de cire que chacun tient à la main : torches minuscules, miniatures de celles que portaient à la même place, il y a dix-huit siècles, les premiers chrétiens, dans leurs processions ou leurs cortèges funèbres. La voix, les paroles, le moindre son se répercutent sous les voûtes qui se répondent. Un froid piquant règne dans ces retraites où le soleil n'a jamais pénétré.

Sur chaque muraille du couloir, des plaques de marbre, de pierre ou de terre cuite, superposées, frappées d'inscriptions indéchiffrables. Elles ferment les niches horizontales, creusées dans la pierre, à l'intérieur desquelles ont été couchés les cadavres. Tantôt les plaques funèbres forment elles-mêmes les parois du corridor, tantôt elles tapissent un espace circulaire, sorte d'abside qui s'ouvre sur la galerie et indique une ancienne chapelle. Il y a des fresques à demi effacées par le temps. Point de sujets historiques, mais des allégories, les symboles des dogmes et des espérances du Christianisme. En maints endroits on retrouve le fameux poisson l' « ΙΧΘΥΣ » grec, qui réunit dans ses cinq lettres les initiales du Sauveur : « Ιησους Χριστος Θεου Υιος Σωτηρ » Jésus-Christ, Fils de Dieu Sauveur. — Ailleurs, c'est un dauphin près du trident, appareil de son supplice, figure de Notre-Seigneur avec les instruments de sa Passion ; — le bon Pasteur et sa houlette, la brebis benjamine couchée à ses pieds.

Un Trappiste français, plein d'entrain, original, plaisantant volontiers, nous guide à travers les défilés inextricables des Catacombes Saint-Calixte. Quel secret et malin plaisir il prend à montrer, dans tous les détails des Catacombes, des preuves de l'authenticité et de l'antiquité de la religion catholique à deux protestants, étrangers comme nous! Le malheureux couple souhaite ardemment s'échapper, mais n'ose s'aventurer dans les dédales obscurs; il est condamné à suivre et à écouter ce fâcheux jusqu'au bout.

De nouveau sur la voie Appienne pour retourner à Rome, nous rencontrons une chapelle en pierre; une femme, qui nous aperçoit, entre à l'intérieur, et ferme la porte pour avoir l'honneur de nous l'ouvrir et surtout l'avantage de gagner quelques sous. Elle nous montre une dalle en marbre sur laquelle est marquée l'empreinte de deux pieds. C'est, nous dit-elle, l'empreinte des pieds de Notre-Seigneur. Saint Pierre, sur le point d'être martyrisé, défaillait; le courage vint à lui manquer. Il fuyait son supplice quand il rencontra Jésus-Christ à cet endroit. — « Seigneur, où allez-vous? » lui demanda-t-il, très étonné. De là le nom de la chapelle : *Domine quo vadis?* — « Je vais, lui répond Notre-Seigneur, me faire crucifier de nouveau. » Saint Pierre comprit la leçon et fit volte-face en toute hâte.

Les rues et les routes sont peuplées de monuments qui rappellent des souvenirs, moitié historiques, moitié légendaires, dans le genre de celui-ci.

En rentrant à Rome, nous faisons le tour du Panthéon, cet antique temple païen, contemporain d'Auguste, où sont enterrés les hommes célèbres d'Italie : une rotonde de quatre-vingts mètres de circonférence environ. La coupole, — une cloche de quarante-trois mètres de hauteur et de diamètre, — par où vient le jour, repose sur l'édifice au moyen d'une voûte à caissons. Les degrés s'échelonnent avec une perspective très agréable à l'œil. Le pavé est composé de granit, de porphyre et de marbre. Ci-gît Victor-Emmanuel.

C'est là que Raphaël dort son dernier sommeil. La coupole circonscrit et projette sur ses restes les rayons du soleil, l'azur du firmament, les larmes pâles de la lune, qu'il aimait tant à contempler pendant sa vie pour s'en pénétrer et les reproduire sur sa palette. « Ces flots d'or, d'azur et de lumière » veillent sur lui et baignent sa tombe, comme par reconnaissance.

Nos dernières visites à Rome chrétienne.

La Trinité-des-Monts, chapelle du couvent du Sacré-Cœur occupé par des religieuses françaises. Une tête de Vierge miraculeuse, peinte par une sœur, est vénérée sous le vocable dé *Mater admirabilis.* — Saint-Jean-de-Latran, siège des anciens conciles. Douze statues de marbre gigantesques des douze apôtres font la haie. Vis-à-vis, sur la même place que la basilique, les vingt-huit marches de la *Scala Santa,* rapportées à Rome en l'an 326 par les soins de l'impératrice sainte Hélène, mère de Constantin le Grand. Notre-Seigneur les a gravies pour monter au tribunal de Pilate. Nous en faisons l'ascension à genoux en compagnie de nombreux pèlerins. Deux groupes en marbre de Jacometti, le baiser hypocrite de Judas et l'*Ecce homo,* les encadrent.— Sainte-Marie-Majeure. Nous regardons défiler la procession des Rogations conduite par les chanoines en moisette bordée de poil de sanglier. Dans plusieurs confessionnaux est fixée, à la porte, une longue baguette de noisetier qui monte vers la voûte. Les fidèles s'agenouillent en passant. Le pénitencier, appuyant le doigt sur la baguette, l'abaisse et touche leur tête avec l'extrémité opposée. Une indulgence est attachée à cette cérémonie. — Saint-Laurent-hors-les-Murs, qui contient le tombeau de Pie IX. — Sainte-Cécile, de l'autre côté du Tibre ; c'est là que demeurait la sainte du même nom. Tout à côté de l'église, la salle de bains et le lieu de son supplice où l'on voit, en image, sous une couronne de roses présentée par un ange, sainte Cécile et saint Valérien. — Sainte-Croix-de-Jérusalem, où nous vénérons une relique de la vraie Croix. — Le Collège romain ; nous grimpons à la chambre de saint Louis de Gonzague par une suite de petits escaliers en escargots, obscurs, pénibles. — Saint-Joachim. — Sainte-Françoise-Romaine. — Saint-Louis-des-Français.

Rome païenne.

Rome païenne est un amas de ruines, un chaos dont chaque pierre a son histoire, dont chaque colonne porte un nom gravé sur ses flancs. Triste et affligeant spectacle !

C'est l'expression frappante de la fragilité et de la brièveté des choses de la terre. C'est l'image de la destinée fatale et inéluctable des puissances les plus robustes et les plus résistantes. C'est l'exposition de l'œuvre destructrice du temps.

Bien insensé qui eût osé prédire à Caton, à Cicéron, à Scipion, à Auguste, à Constantin le sort de ces temples, de ces édifices, de ces basiliques d'où partait le courant qui régissait le monde entier ! Leur solidité bravait les attaques du temps, et pareil blasphémateur eût été lapidé. Cependant qu'est devenu ce Forum, où se discutaient avec tant de sagesse les intérêts de la chose publique ; ce Forum, centre de réunion de tout ce que la capitale comptait de plus instruit, de plus capable et de plus distingué; ce Forum, dont le nom a passé si souvent sur nos lèvres pendant nos études classiques?

Trois magnifiques colonnes de marbre de Paros, — quatorze mètres et demi de haut et un mètre cinquante de diamètre, — supportant sur leurs chapiteaux une architrave mal assise, sont tout ce qui subsiste du fameux temple de Castor et Pollux. Ce monument, destiné à perpétuer la victoire du lac Régille (496 avant J.-C.), était choisi pour les assemblées du Sénat. De la basilique Julia, il ne reste que le pavé sur lequel sont plantés de tout petits blocs de marbre, fondements des piliers qui séparaient la nef centrale et les bas côtés. On y remarque aussi des cercles irréguliers sur lesquels, paraît-il, jouaient les Romains. Des colonnes éparses et des soubassements de maçonnerie attestent l'emplacement du temple de César et de l'atrium des Vestales. Une vieille prescription interdisait aux prêtresses de se servir de l'eau des rivières et des aqueducs. La petite citerne, revêtue de marbre, destinée à recueillir les eaux de la pluie, est intacte.

Nous sortons du Forum par l'Arc de

triomphe de Titus, à une seule arcade, épais, lourd, mais décoré de beaux bas-reliefs célébrant l'apothéose de l'empereur.

Le Colisée se dresse devant nous : construction gigantesque, de couleur grise, justifiant son nom par ses proportions colossales ; une ellipse de cinq cent vingt-quatre mètres de circonférence et de quarante-huit mètres cinquante centimètres de haut. Il y a quatre étages : trois corridors circulaires, percés d'arcades superposées, et un mur avec des fenêtres qui s'ouvrent de deux en deux au-dessus des arcades. A l'intérieur, des gradins de pierre, mis en communication avec les couloirs par certaines arcades, peuvent asseoir cinquante mille personnes.

C'est là que les instincts sanguinaires des Romains se délectaient dans les combats de gladiateurs et de bêtes féroces. Là s'assouvissait par l'immolation des chrétiens la rage brutale des tyrans. Sur cette arène a coulé le sang des martyrs, sous les yeux d'une assemblée saturée de joie, palpitante d'une émotion malsaine. Le Colisée fut le témoin et la scène des crimes les plus atroces. Il en garde un aspect sombre, sinistre, terrible, élevant sa masse redoutable sur un gazon étiolé, défiant les débris du Forum étendus à ses pieds et ceux du Palatin suspendus en désordre autour de lui.

Le mont Palatin offre le même spectacle que le Forum, avec cette double différence que le Forum est une surface plane, occupée par les seules ruines, tandis que le Palatin est une montagne hérissée sur ses flancs de pierres informes, de degrés de marbre, de roches abruptes, de pans de murs, au milieu desquels croissent et se développent des plantes, des fleurs, des arbres : un vrai jardin.

Le présent et le passé, l'artificiel et le naturel se disputent la place, en se faisant ressortir. Le sourire et le parfum de la fleur qui élève timidement la tête entre deux pierres, la chaîne de feuillage qui se traîne sur les ruines disjointes, le chêne qui abrite tour à tour et caresse de son panache les vestiges d'un antique édifice, accentuent encore par leur couleur, leur vie, leur mouvement, la froide et sévère impassibilité de la pierre, sa majesté, toute la mélancolie qui en émane quand on pense à ce qu'elle est et à ce qu'elle fut. En même temps, celle-ci fait briller par le contraste les mille détails charmants de forme, de lumière, de teintes et de groupement de la flore, qui séduisent les sens.

Voilà les débris du palais de Septime-Sévère : des fondations dessinant le plan primitif, des arcades isolées, des escaliers qui relient des étages découverts, des murs penchés; la maison de Livie, mère du monstre qui s'appela Néron; le palais d'Auguste...

Égarés parmi ces antiquités, nous errions au milieu des pierres, cherchant sur nos livres leur origine et leur histoire. Tout à coup nous sommes abordés par un ecclésiastique à la mine réjouie, d'une physionomie très fine, un peu malicieuse, — soit dit sans l'offenser, car l'excellent homme nous a rendu service et j'abhorre l'ingratitude.

A quel titre se présentait-il à nous? Nos figures lui plaisaient-elles, ou bien, ayant entendu quelques bribes de notre conversation, éprouva-t-il le besoin de parler français? Je n'en sais rien. Toujours est-il qu'il nous conduisit à travers ces ruines qui lui étaient familières, — toutes auraient sans doute dit son nom si elles avaient pu parler, — nous donnant une foule d'explications fort instructives.

Nous avions affaire à un bénédictin du Mont-Cassin. Il devait prononcer un sermon dans la soirée. A tout instant, il nous demandait la permission de prendre congé pour le repasser, et puis un renseignement en appelait un autre, une nouvelle conversation se greffait sur la précédente. « Mon pauvre sermon ! il faut que je l'étudie, je resterai court en chaire... » Mais il parlait toujours. Le climat d'Italie rend loquace. Au bout d'une demi-heure, après avoir échangé des compliments très délicats, nous nous quittons les meilleurs amis du monde, sans devoir plus jamais nous rencontrer.

Je n'ai pas su comment le discours s'était trouvé de cette diversion. Le Saint-Esprit, pour le récompenser de sa charité, aura, je pense, remarquablement inspiré l'obligeant prédicateur.

Nous descendons ensuite au pied du Capitole. Les trois collines se déploient en éventail : à gauche, l'église *Ara Cœli* qui a remplacé l'antique citadelle sauvée par les oies de Junon ; au milieu, une place circulaire sur laquelle s'élèvent un palais et une statue de Marc-Aurèle en bronze ; à droite, l'ambassade d'Allemagne.

Très intéressante cette promenade, mais point gaie. Nous nous dédommageons par quelques visites. Le plus gracieux accueil nous est fait partout. Les dames se prosternent et baisent la main de mon compagnon. C'est l'usage en Italie de baiser la main du prêtre en signe de respect. Dans leurs salons, dans les rues, dans les réunions, vous voyez les plus grandes dames s'agenouiller ou s'incliner profondément et saisir sa main pour la porter à leurs lèvres.

Sur l'autre rive du Tibre, comme curiosité, le *Ghetto :* un faubourg sale et malsain, formant ville à part dans la cité, avec des ruelles, de hautes maisons, une place publique, deux ou trois curiosités artistiques, toutes les ressources nécessaires à la vie. C'est là que les Papes parquaient les Juifs. De nos jours encore, ils restent les seuls habitants de ce quartier. Dans la plupart des maisons, un magasin au rez-de-chaussée : des boutiques d'antiquités, d'objets d'art plus ou moins authentiques, de bric-à-brac, de petits riens; commerce préféré des Juifs parce qu'il y a plus ample matière à spéculation. Le tout occupé par une populace généralement difforme, à l'œil faux et vicieux, contrefaite, hideuse à voir.

Oh! l'horrible spectacle! Nous l'oublions bien vite en suivant le *Corso*. Là, entre une double rangée de splendides hôtels et de luxueux magasins, passent et repassent les Romaines du grand monde, étalées sur les coussins moelleux des équipages avec la fierté, l'ample dignité qui les caractérise, dont elles ont hérité de leurs ascendantes historiques.

En somme, j'ai éprouvé à la messe du Pape une émotion mystique très vive, la vue des ruines m'a inspiré de nobles et tristes pensées; les églises m'ont ébloui, mais il y manque le calme, le silence, le recueillement, qui sont le véritable accord de la prière.

Un bref séjour à Rome « où l'on se fatigue à voir quarante mille belles choses dans une matinée », dit Prosper Mérimée, est loin d'être reposant. L'étude de l'art, dans l'atmosphère étouffante d'une capitale, occupe tout le temps et tient l'esprit dans une tension continuelle. La nature si réconfortante fait défaut. On aspire à la campagne, au grand air, aux fleurs épanouies et odorantes, au gazon verdoyant, aux forêts silencieuses, aux montagnes imposantes, à la mer enfin, à la mer si belle, si variée dans sa couleur, si changeante dans ses mouvements, si différente dans ses aspects.

De Rome à Naples. Le Mont-Cassin, 26 avril.

A huit heures du matin, l'esprit un peu troublé par tant d'impressions et de souvenirs recueillis à la hâte, épars, confus, nous disons adieu à la ville qui mérite à tous les titres le nom de « Ville Éternelle ». Le chemin de fer longe la rive droite du Sacco, affluent du Liris; une eau limpide arrose de fraîches prairies. Un soleil de plomb s'appesantit sur les champs où je vois, avec une profonde indignation, les femmes, coiffées de chapeaux à larges ailes ou la tête couverte de linges, travailler beaucoup plus courageuses que les hommes. De chaque côté s'enchaînent des collines, terminées par de vieux villages que dépasse l'antique clocher. La pierre grisâtre se détache nettement sur le gazon vert qui tapisse la base et les flancs de la montagne. A Ceprano, la voie traverse le Liris, frontière méridionale des anciens États de l'Église. — Aquino, patrie de « l'Ange de l'École ». — Enfin Cassino : une ville de treize mille habitants, assise au pied du Mont-Cassin, sur les bords du Garigliano, et ranimée à tout instant par le souffle frais qui lui arrive des glaciers.

Une charrette du pays, courte et très élevée, mal suspendue, assez peu confortable, mais rachetée par un poney noir bien râblé, aux contours arrondis, plein de sang, tout blanc d'écume, nous monte au sommet du Mont-Cassin. Tout en haut, imperceptible, comme un point sur un « I », nous apercevons l'immense abbaye. La route en lacets est pierreuse, irrégulière. A mesure qu'on s'élève la végétation diminue. Quelques fleurs rustiques font un collier au cou de la montagne d'où se dégage sa vénérable tête chauve, provoquant les rayons du soleil qui la brûlent et portant fièrement la couronne religieuse dont Benoît a ceint sont auguste front, il y a treize siècles.

Le couvent du Mont-Cassin est connu du monde entier. La science et la piété s'y étaient donné rendez-vous. Leurs rapports si harmonieux furent rompus par la haine et le despotisme sectaires qui, en mettant sur leur sanctuaire le sceau national, paralysèrent leur initiative et enchaînèrent tout essor. Actuellement quelques bénédictins sont encore tolérés et dirigent un séminaire.

Des cours spacieuses relient entre eux les bâtiments. A l'entrée de la cour principale, deux grandes statues enm arbre : « saint Benoît et sa sœur sainte Scolastique. » En face, l'église richement meublée ; dans le chœur, des stalles sculptées, ornées chacune sur les accoudoirs de petits anges dans une position différente. De longs corridors font le tour de l'établissement, avec une fenêtre à chaque angle.

Je m'accoude à celle du Nord-Est. La vallée du Garigliano s'étend à mes pieds : un vrai tapis de verdure, déroulé sur une immense superficie. Comme il caresse gentiment l'œil sous la couleur de l'espérance ! Les dernières clartés du jour l'inondent et le peignent des nuances les plus tendres. Au fond, groupés en hémicycle, étagés en gradins, délicatement noués, alternant comme des coulisses de théâtre, plusieurs plans de montagnes. Ils sont estompés plutôt que dessinés, très finement accusés, noyés dans cette teinte vague, floue, bleu cendré, trace que laisse la lumière du soleil sur les objets qu'elle a touchés, quand elle s'est retirée depuis peu de temps. Au-dessus, un cordon de sommets neigeux encore allumés des derniers feux du soleil couchant.

A cinq heures et demie du soir, nous reprenons à Cassino l'express de Naples. Entre Capoue et Caserte, mon compagnon me montre au loin une traînée de fumée qui balaye le firmament. Cette vapeur nous paraît d'abord une simple tache sur le ciel, un voile qui en gaze l'azur ; mais à mesure que nous nous en rapprochons, elle devient plus foncée. L'œil remonte son cours. Bientôt nous la voyons quitter la surface bleue sur laquelle elle glisse, et, faisant un coude, s'élever toute droite, noire et épaisse, d'un foyer qui nous est caché. Peu à peu se dessine le cône massif du Vésuve, vraie locomotive toujours chauffée à blanc, crachant nuit et jour, par la pluie et par le soleil, cette même gerbe de fumée. Le vent saisit sa pointe et la tourmente en la repliant tantôt d'un côté, tantôt de l'autre, sur le ciel dont il envie la sérénité.

Paul de Musset, qui a joui du même spectacle, compare cette fumée blanche et penchée à une plume de marabout.

NAPLES

Du 26 avril au 8 mai

NAPLES

—

La Vie d'hôtel.

J'hésite à qualifier du nom de voitures les véhicules de Naples : des américaines aux ressorts usés, attelées de chevaux minuscules. Ceux-ci disparaissent sous les chaînes, les boucles argentées, les oripeaux attachés aux harnais. Point d'autre allure qu'un petit galop saccadé, attisé par le fouet toujours agité des cochers napolitains, vrais brigands de tête et d'allure.

Un de ces bizarres attelages nous transporte, bride abattue, de la gare à l'hôtel Continental: somptueux établissement, tout au bord du golfe, sur une pointe qui mord dans la mer, avec vue sur le Vésuve à gauche. L'intérieur répondait à l'extérieur. Il n'y avait pas moins de deux cents personnes en grande toilette dans une immense salle à manger. L'électricité flamboyait sur la soie et les étoffes chatoyantes des robes. Tous les pays d'Europe, tous les âges étaient à peu près représentés. Et devant ce groupe cosmopolite formé par la fleur de la société, tout occupé à plaire, je n'ai pu me défendre d'une triste remarque. Elle s'impose à ceux qui, voyageant beaucoup, se trouvent habituellement dans des réunions nombreuses et complexes ; je l'ai entendu déjà formuler maintes fois. Comme les belles personnes, jolies, agréables, bien élevées, vraiment aimables et distinguées sont rares ! La beauté est une fée qui ne touche pas volontiers les mortels de sa baguette. Honneur à ceux-là ! honneur aux Françaises surtout qui sont ses privilégiées !

J'eus successivement comme voisins de table : un Anglais, bon garçon à figure ronde, épelant quelques mots français et jaloux de le montrer, avec cette affectation que mettent les étrangers à faire parade de tout ce qu'ils savent. Nous échangeons deux ou trois paroles sur le Vésuve d'où il descendait et où je pensais monter le lendemain, sur Rome d'où j'arrivais et où il irait en quittant Naples. — Une jeune fille autrichienne, pas mal du tout, mais avec des mines de jeune pensionnaire de couvent. Ses yeux ne quittaient guère son assiette que pour regarder ses parents. Elle répondait aux questions qui lui étaient faites d'un air très gracieux, mais timide et embarrassé. — Troisième type : une grande et vigoureuse jeune fille du Transvaal, aux yeux bleus et aux cheveux blonds, déparée un peu par des doigts trop gros. Depuis un an et demi, elle voyageait en Europe avec une amie intime. Leurs deux âges ensemble ne faisaient pas cinquante ans. Elles semblaient très heureuses et parfaitement rassurées contre les écueils d'un pareil genre de sport. Autres pays, autres mœurs; autres mœurs, autres caractères.

Je changeai encore et on me donna cette fois une voisine qui fit mon désespoir : une vieille précieuse, toute petite, chétive, anguleuse, roulant ses yeux à la façon des chats. Elle parlait bas, très bas, — un filet de voix si mince, — afin qu'on s'approchât d'elle pour l'entendre. Puis un cri, un rire sonore et calculé ou une plainte qui n'en finissait plus, des

jeux de physionomie étudiés. Je pris le parti de
ne pas lui répondre et de faire le sourd. Alors elle
m'adressa la parole sur un ton plus naturel,
vanta mon sympathique « précepteur », ce
saint prêtre à la figure si bienveillante, et finit
par m'encenser, moi aussi. Je fus obligé d'ouvrir l'oreille et de saluer. La glace était rompue.
Elle me raconta des histoires fantastiques. Née
d'un père anglais, alliée par sa mère à la
famille impériale d'Autriche, elle était cependant française... beaucoup de succès dans sa
jeunesse... un veuvage prématuré... une vie
de sacrifices et de tentations... bref, un conte
arabe. Je suis resté très sceptique et je n'ai
jamais pu m'expliquer parfaitement en présence
de qui je me trouvais. Dans tous les cas, il y avait
au moins sept fois dix neiges et trois neiges de
plus qu'elle était venue au monde, pour m'exprimer comme Châteaubriand. Aussi rien de
compromettant.

Je me résignai à ce voisinage fâcheux qui
donna lieu de ma part à un quiproquo dont
on s'amusa beaucoup. Il fallait réveiller mes
souvenirs de collège, chercher dans ma mémoire
tout ce qui restait de langues vivantes, pour lier

conversation avec les étrangers. M'adressant à une Américaine qui n'entendait pas un mot de français, je lui dis en allemand : « J'ai à table auprès de moi une dame qui me déplaît et m'ennuie. Je souhaiterais l'échanger contre une autre. » Mon interlocutrice se met à rire à gorge déployée, me faisant signe, en agitant l'index, que je ne traduis pas ma pensée. Je répète. Elle rit plus fort encore et balance plus vite son doigt. Nous recourons à un gracieux interprète, en présence de qui je recommence ma phrase. Voilà le rire qui le gagne. « Vous dites : J'ai dans ma *poche* une dame qui me gêne beaucoup, je voudrais avoir une autre dame dans ma *poche*. »

C'est qu'en allemand une table s'appelle *Tisch* et une poche *Tasch*. J'avais dit *Tasch* pour *Tisch*. Il y a si peu de différence. Je ris beaucoup moi-même de ma méprise.

Ce trait m'en rappelle un autre arrivé à mon sujet, l'année dernière, en Suisse. C'était au pèlerinage de Notre-Dame-des-Ermites, à Einsiedeln, la veille du 15 août. Nous parcourions, mon compagnon, — le même que cette année, — et moi, les corridors de l'abbaye, à la recherche d'un confesseur, quand nous retrouvons un prêtre d'Autun logé au couvent. Pour nous obliger, celui-ci arrête un religieux qui sortait de sa cellule, et le prie en allemand, — nous étions dans la Suisse allemande, — de nous rendre le service que nous quêtons.

« Ces messieurs, croit-il leur dire, en nous montrant du doigt, désirent se confesser à vous. » Le bon Père le regarde d'un air étonné. Il revient à la charge : « Ah ça, voyons, lui dit le religieux de plus en plus interloqué, vous êtes Français, je crois ; parlez-moi votre langue, je la connais et je vous comprendrai peut-être mieux qu'avec la mienne. — « Ces messieurs veulent se confesser à vous. » — « Mais vous m'avez dit que ces messieurs voulaient me *mordre*. » — *Beissen* signifie mordre et *Beichten* confesser. Une seule lettre à changer.

Mais je divague, me voilà en Suisse ! Je reviens bien vite à notre arrivée à Naples.

Première Soirée.

Après dîner nous passons dans une espèce de jardin d'hiver attenant à la salle à manger. Là nous attendait un charmant essaim de jeunes Napolitaines et de jeunes Napolitains, avec le gracieux costume du pays, — on ne le retrouve malheureusement plus que sur le théâtre ou chez les petites bouquetières qui s'amusent à vous décorer : — les hommes en culotte de velours bouffante reliée au veston par une large écharpe jaune ou rouge qui se drape sur la chemise ; les femmes, coiffées d'un béret blanc crânement penché sur l'oreille, en jupe courte, avec une veste de velours s'agrafant par un corselet à fils très fins sur une chemisette brodée, des perles de corail au cou et aux poignets.

Tour à tour ils chantent les airs nationaux enjoués, délicats ou passionnés, en s'accompagnant sur les instruments qui les interprètent le mieux : violon, mandoline, guitare, tambourins, castagnettes, et dansent la fameuse *taran-*

telle, danse aussi élégante que compliquée, vraie pantomime avec des gestes, des poses, des tableaux, des rondes, des quadrilles. C'était pour nous un souhait de bienvenue. Du même coup nous étions initiés aux mœurs, aux costumes et aux distractions de la ville.

Tout en écoutant les chansons et en suivant les pas savants des danses, je prenais plaisir à étudier sur la physionomie des jeunes artistes les traits essentiels du caractère napolitain. Je lisais dans les yeux noirs comme le geai de l'une d'elles, dans son regard plus rapide que l'éclair, tout ce qu'il y a d'impressionnabilité, d'intuition et de spontanéité. Étranges créatures ! vibrantes, impétueuses, aussi ardentes que le climat sous lequel elles vivent. Un regard les enflamme, un regard les désespère. Elles épuisent l'émotion dans ses raffinements les plus mystérieux pour la rejeter ensuite et rassasier, avec la même avidité frénétique, leur sensibilité par une émotion contraire.

C'est là le secret de ces crimes, de ces coups de couteau, de ces batailles terribles, qui ensanglantent l'histoire quotidienne de la ville.

Le concert terminé, je contemple de ma fenêtre, bien avant dans la nuit sans pouvoir m'en détacher, le ciel aux mille perles de feu qui sourient à la terre, qui sourient à la mer, qui me sourient, qui sourient à tous ceux qui les regardent :

Il est pour la pensée une heure... une heure sainte,
Alors que, s'enfuyant de la céleste enceinte,
De l'absence du jour pour consoler les cieux
Le crépuscule aux monts prolonge ses adieux...:
Alors ces globes d'or, ces îles de lumière,
Que cherche par instinct la rêveuse paupière,
Jaillissent par milliers de l'ombre qui s'enfuit
Comme une poudre d'or sous les pas de la nuit.
Hélas ! combien de fois seul, veillant sur ces cimes
Où notre âme plus libre a des vœux plus sublimes,
J'ai murmuré tout bas : Que ne suis-je un de vous ?...
Je viendrais chaque nuit, tardif et solitaire,
Sur les monts que j'aimais briller près de la terre,
J'aimerais à glisser sous la nuit des rameaux,
A dormir sur les prés, à flotter sur les eaux,
A percer doucement le voile d'un nuage,
Comme un regard d'amour que la pudeur ombrage:
Je visiterais l'homme ; et s'il est ici-bas
Un front pensif, des yeux qui ne se ferment pas,

Une âme en deuil, un cœur qu'un poids sublime op-
[presse,
Répandant devant Dieu sa pieuse tristesse.
Un malheureux au jour dérobant ses douleurs,
Et dans le sein des nuits laissant couler ses pleurs.
Un génie inquiet, une active pensée
Par un instinct trop fort dans l'Infini lancée ;
Mon rayon pénétré d'une sainte amitié,
Pour des maux trop connus prodiguant sa pitié,
Comme un secret d'amour versé dans un cœur tendre,
Sur ces fronts inclinés se plairait à descendre.

LAMARTINE, *Les Étoiles (Méditations)*.

En fredonnant cette douce mélodie, l'oreille appliquée aux soupirs cadencés et au gémissement plaintif que pousse la mer en dormant, je songe à tout ce qui nous est réservé de surprise, de joie et d'admiration, dès que le voile de la nuit sera levé.

Souvenirs. — La Ville. Les Mœurs.

Naples, c'est le repos pour l'esprit, c'est la rosée qui rafraichit et fait fleurir l'imagination, c'est la belle et poétique nature avec toutes ses variétés.

Et dans cet ordre d'idées, que de souvenirs ! Naples est le berceau dans lequel les Muses allaitaient Lamartine. C'est à une coupe couronnée de roses de Naples que Polymnie l'abreuvait. Ses odes les plus touchantes ont été signées à Naples :

> Properce y visitait Cynthie,
> Et sous les regards de Délie
> Tibulle y modulait les soupirs de l'amour.
>
> (Lamartine).

Horace célébrait en légers dithyrambes, il y a longtemps, les attraits de ce doux pays. Virgile a choisi Naples pour sa dernière demeure ici-bas, parce que c'est le lieu qu'il a le plus aimé, comme Châteaubriand les rochers du Grand-Bey. La gentille Mignon, dans l'opéra de ce nom, à la pensée de Naples, s'écrie d'un accent suppliant :

C'est là que je voudrais vivre et mourir.

Le Dante a dû contempler longuement le cratère du Vésuve pour composer les noires couleurs dont il a peint son « Enfer ». Le Tasse vint bercer son chagrin sur les bords enchanteurs du golfe et oublier sa disgrâce.

Naples est le noviciat des poètes. Tous l'ont interrogée, et tous ont gardé quelque chose de l'impression qu'ils en reçurent. Ils aiment, en reconnaissance, à chanter ses louanges et à l'évoquer dans leurs œuvres.

Ils ont passé comme un rêve, ces onze jours remplis par les promenades ravissantes sur les chemins entre les montagnes et la mer, l'ascension du Vésuve et les marches silencieuses à travers ses victimes, la visite des îles, la présence au miracle de saint Janvier, le spectacle de la Révolution. Les musées et les monuments remarquables ne sont pas nombreux. L'art s'est peu développé à Naples ; la nature l'aurait éclipsé.

Naples[1] s'étale en amphithéâtre sur son golfe.

---

[1]. La population de Naples dépasse 500,000 habitants. Par sa position pittoresque, ses excursions pleines de charmes, ses plaisirs variés,

Une petite presqu'île dont la pointe est un vieux château fort, utilisé aujourd'hui comme caserne, le partage en deux baies. Cette ligne de démarcation se prolonge à l'intérieur des terres par une chaîne de collines : *Pizzofalcone, Vomero, Sant'Elmo, Capodimonte*, qui divise à son tour la ville en deux parties inégales.

La partie comprise à l'Est est la plus vaste et la plus ancienne : des toits de même hauteur, une multitude de rues étroites et parallèles avec des maisons élevées, sombres, — le jour a peine à y chasser la nuit, — où grouille plutôt que ne vit la population la plus sauvage qu'on puisse imaginer. Le peuple napolitain est d'une saleté répugnante. Hommes et

---

cette ville prend sa revanche sur l'intérêt que Rome offre par son histoire. Naples a été fondée par les Grecs, un siècle environ avant Jésus-Christ. Les Romains, l'ayant conquise, en firent leur lieu de plaisance et la gardèrent jusqu'en 536, où elle passa sous la domination des empereurs d'Orient. Les Normands s'en emparèrent au milieu du XII° siècle.

A partir de cette époque, l'histoire du royaume de Naples comprend sept phases, marquées par les changements de dynasties. Aux Normands succédèrent les Hohenstaufen, chassés en 1266 par Charles d'Anjou qui fut dépouillé lui-même par les Espagnols. Les Bourbons gouvernèrent le royaume de Naples depuis les premières années du XVIII° siècle jusqu'à son annexion définitive au royaume d'Italie en 1860, sauf de 1806 à 1815, période pendant laquelle Napoléon le confia successivement à son frère Joseph, puis à son beau-frère Murat.

femmes sont vêtus de haillons tant bien que mal ajustés. Celles-ci se livrent dans la rue ou sur les auvents des maisons aux soins les plus élémentaires de leur toilette et de leur ménage. Elles se peignent en public en même temps qu'elles causent et se disputent. Leur linge sèche dans la rue sur des cordes tendues d'une fenêtre à la fenêtre voisine ou opposée.

Je ne voudrais pour rien au monde citer le détail suivant, — et je demande pardon d'avance à ceux qui me liront, — mais nous en avons été trop souvent témoins pour le passer sous silence. Il est un des traits caractéristiques de la malpropreté de l'Italie Méridionale, tellement caractéristique qu'on vend aux étrangers des photographies de cette scène primitive. Les femmes passent une partie de la journée, assises sur le pas de leur porte, occupées à chercher avec un soin minutieux les animalcules qui rongent la tête de leurs enfants ou bien à se rendre le même service les unes aux autres.

Les hommes dorment pendant ce temps-là, couchés au soleil comme des lézards. Ils veulent gagner leur vie, mais sans peine, sans fatigue; aussi dédaignent-ils les métiers, les travaux manuels, les professions communes. Leur tempérament mou se refuse à l'effort. Comme ils sont tous artistes à un certain degré, le gagne-pain des plus honnêtes est dans les instruments assez grossiers avec lesquels ils assourdissent, sur leur passage, les étrangers. D'autres s'imposent comme guides, comme *ciceroni* d'un moment. Bref, ils vivent d'expédients et non de travail.

Tel est le honteux spectacle qu'offrent l'intérieur de Naples, la vieille ville, les demeures populaires. Il n'est pas prudent de s'aventurer dans certaines rues, même de jour. Et qui dirait que des rivages aussi séduisants cachent de pareilles choses ? Comment concevoir qu'un ciel si bleu et une lumière si brillante daignent abriter et éclairer, sans les changer, de semblables mœurs ? Aussi comprend-on que les touristes prennent de cette atmosphère et de cette vue, juste ce qu'il leur en faut pour avoir une idée des habitudes du pays.

Tout autre est la partie occidentale, faite de larges boulevards, de splendides hôtels, de villas luxueuses, de jardins fleuris et parfumés.

C'est le quartier des étrangers, moderne, européen. La mer vient mourir sur le cordon ensoleillé qui borde Naples, vrai boulevard de la Croisette, véritable promenade des Anglais de l'endroit. Cette face de Naples rappelle d'ailleurs beaucoup celle de Nice dont elle est un agrandissement.

Les deux bras du golfe offrent le même contraste que les deux arrondissements de la ville. Le bras de l'Est, le plus long, se recourbe jusqu'à Sorrente en portant *Herculanum, Portici, Resina, Torre del Greco, Torre dell'Annunziata, Pompéi, Castellamare:* une ligne ininterrompue de maisons. Vue de Naples, au grand soleil, c'est une raie lumineuse; mais, en réalité, il n'y a qu'une suite de faubourgs et de villages misérables. Par derrière s'élève la masse grise, nue, écrasante du Vésuve, d'où sort la fumée.

Le bras de l'Ouest se termine au Pausilippe, ou, si on néglige cette petite pointe pour donner au golfe ses dimensions extrêmes, au cap Misène. Figurez-vous une colline aux contours arrondis, richement drapée de vignes, d'orangers, de citronniers, de sapins, de lauriers, de rosiers. Leur verdure et leur parfum charment et embaument les coquettes villas assises parmi les fleurs ou cachées à l'ombre des arbres, reliées entre elles et à la mer par de gracieux sentiers tout frisés. L'art ne saurait rien inventer comme teintes, comme dessin, comme harmonie, qui pût rivaliser avec ce tableau. Tout est épanoui, étincelant sous les feux du soleil : fleurs, feuilles, grappes, fruits ; ils font plaisir à voir. Des rayons d'or courent par instant sur cette nature féerique.

Et c'est là où tout respire la vie et la joie, là où luit, plus brillant que parout ailleurs, ce soleil auquel l'antique Iphigénie et la jeune captive d'André Chénier, sur le point de mourir, exprimaient des regrets si déchirants, dans un petit carré de terre, sur le déclin de la colline, tout au bord de la mer, symbole de l'Infini, que Virgile a voulu reposer. Peut-être l'illustre poète, en désignant cette place pour ses cendres, avait il une pensée charitable à l'égard des pèlerins qui visiteraient son tombeau ? Quel magnifique point de vue ! Sous le ciel le plus bleu, le plus foncé qu'on puisse rêver, l'œil embrasse le panorama de Naples, le Vésuve, la presqu'île du château de l'Œuf et les élégantes découpures de la côte jusqu'à Sorrente. En face, la pleine mer, immense, sans terme, mariant avec le plus doux accord l'azur de ses eaux à l'émeraude du rivage, berce mollement les voiles qui s'abandonnent à elle :

> Souvent, dans ma barque sans rame,
> Me confiant à ton amour,
> Comme pour assoupir mon âme,
> Je ferme au branle de ta lame
> Mes regards fatigués du jour.
>
> (LAMARTINE : *Adieux à la mer*).

Et estompée quelque part, une ombre dans laquelle on devine l'île de Caprée. A droite, derrière Nisida, s'allonge timidement le cap Misène, issu de la patrie des Sibylles, montrant Ischia et Procida.

Contrastes partout à Naples, contrastes jusque dans les caractères : complexes, faits d'éléments disparates et de contradictions, impénétrables ; une énigme enfin. Oh ! le type extraordinaire que le Napolitain ! Toujours le sourire aux lèvres, l'insouciance et la bonne humeur dans les yeux, malgré une misère noire et des passions qui bouillonnent ; bruyant et paresseux, violent et mou, très crédule, superstitieux et sceptique à la fois.

Il est très sobre, et vit de presque rien; un peu de *macaroni* et des pâtes suffisent à son alimentation. L'argent le fascine. Avec une pièce de monnaie vous le remorquerez au bout du monde. Passez-vous sur le marché, vous voyez les vendeurs se démener comme de vrais diables et manipuler leurs marchandises à les broyer. Vous devinez de très loin un café aux cris, aux chants, aux éclats de rire qui frappent votre oreille. Au milieu du jour, ces mêmes démons si tapageurs, si exaltés le matin, dorment en plein soleil, et je vous défie de les réveiller avec les plus brillantes promesses. La sieste est sacrée, tout sentiment s'éteint devant elle.

La plaie des voyageurs à Naples, ce sont les *facchini*, les cochers et les mendiants. A la gare, aux portes des hôtels, sur les boulevards et les places publiques, devant les églises et les monuments, vous trouvez les *facchini*. Impossible de les éviter. Ils veulent à tout prix vous soulager de ce que vous portez. Avez-vous un paquet, ils s'en emparent à cinq ou six, quand un seul pourrait le tenir à l'extrémité du petit doigt ; un autre prend votre parapluie, votre canne, et, si vous vous laissiez faire, ils vous dépouilleraient de la tête aux pieds. Cherchez-vous un renseignement, cinquante individus surgissent, le diable sait d'où, et se présentent. Très obséquieux, les Italiens ; ils ne parlent que chapeau bas, et répondent le traditionnel *Si signori* la bouche en cœur, avec une intonation très harmonieuse, — on dirait une musique. — Par exemple, ils mettent autant d'insistance à se faire rétribuer qu'à rendre service : *Piccolo soldo... piccolo soldo...* Ce n'est jamais fini.

Pas un cocher ne passe à côté d'un étranger sans lui offrir sa voiture. Si celui-ci, en sortant de l'hôtel, a le malheur d'hésiter sur la direction de sa promenade, tous les cochers de la station voisine fondent sur lui. Le voilà environné de dix, quinze, vingt voitures quelquefois : *Una carrozza..* Pompéi... Pausilippe... San-Martino... *dieci lire... cinque... tre lire...* D'autres voitures, qui viennent à passer par là, se joignent aux premières. Elles font la chaîne pour emprisonner le touriste ahuri.

Quant aux mendiants, une nuée de sauterelles. J'ai rencontré jusqu'à des moines, vrais ou faux, je n'en sais rien, et des religieuses qui stationnaient au coin des places et dans les rues, tenant à la main un petit tronc sur lequel était indiqué, en grosses lettres rouges ou blanches, le but de l'œuvre.

Il faut être juste. Le Napolitain conserve, au milieu de tous ses défauts, une qualité inaltérable : la rancune lui est inconnue. Il cherche à vous exploiter très adroitement. Si vous cédez, il vous fait de grandes démonstrations de reconnaissance, tout en se moquant de vous dans son for intérieur. Si vous le rebutez, si vous le malmenez, il ne se fâchera pas, il rira bien vite et, en vous disant que vous avez raison, vous offrira ses services pour la prochaine fois ; vous lui direz des sottises, vous l'insulterez : il sourira et vous adressera des compliments.

Toujours la même figure, ce Napolitain : le regard prompt et brillant, les lèvres supérieures légèrement retroussées, un bout de cigare à la bouche, une plume piquée sur l'aile du chapeau.

Un camelot vous offre ses bagatelles, spécialités du pays : corail, mosaïques, écaille... *Dieci lire, signori?* — *Grazie.* — « Combien donnez-vous? — Rien. — Parlez sérieusement ! — Trois, répondez-vous avec un geste d'épaule pour vous débarrasser de cet importun. — Ces objets sont à vous. » Et il faut s'exécuter.

Tous ces gens-là sont des tyrans qui dépoétisent singulièrement le pays.

L'amour occupe une grande place dans la vie napolitaine. Comme tous les sentiments, il est exagéré sous ce climat torride. On trouve encore des femmes stigmatisées d'une cicatrice à la joue : c'est le *sfregi*, le coup de stylet qui a puni leur infidélité. La fibre maternelle est très tendre. A certains moments, elle vibre avec des accents touchants. Un livre récent, « Au pays de Cocagne », par Mathilde Serao, qui dépeint les mœurs napolitaines avec une finesse et une vérité dont j'ai été frappé, en cite un trait saisissant. Une femme du peuple vient de perdre son enfant, un bébé de quelques mois, mort de misère. *Peppino!... Peppino! Piccolo Peppino!* crie-t-elle. Il me semble l'entendre, plaintive, gémissante, désespérée, avec ces expressions graduées, ces diminutifs qui se prêtent à tous les degrés de l'émotion.

Les femmes, généralement jolies, surtout séduisantes, sont d'un naturel parfait qui les rend sympathiques au premier abord. Point d'affectation, de recherche pour plaire, dans leur langage et leurs manières ; mais une grande simplicité, aussi bien entre elles que dans leurs rapports avec les hommes. Elles portent la toilette avec un goût exquis.

L'esprit de caste prédomine à Naples. L'aristocratie napolitaine est pauvre, très pauvre, mais vraiment noble, généreuse et désintéressée, d'une galanterie moyen âge, toute chevaleresque. Elle a été formée à l'école de l'Espagne qui régna longtemps sur Naples. Même goût pour l'apparat, même recherche du luxe extérieur, de l'ostentation. Pour concilier ces penchants avec la pauvreté, on recourt à des expédients. Plusieurs familles ont le même équipage qu'elles entretiennent à frais communs. Si c'est un coupé, par exemple, il a des portières mobiles, marquées aux armes de chacune des familles et qui les ferment dans leur voiture le jour où elles sortent.

La gangrène de la société, rongeant le pauvre comme le riche, le noble et le bourgeois, commune à la vieillesse et à la jeunesse, c'est la passion du jeu : passion fatale, irrésistible, funeste. Dans toutes les rues, dans les carrefours les plus reculés, on lit à droite, à gauche : *Lotto*, comme nous lisons « tabac » chez nous, avec cette différence que les boutiques de *Lotto* sont beaucoup plus nombreuses que les débits de tabac. C'est une salle avec un comptoir. A certains jours, les abords sont noirs de monde; les joueurs se pressent, s'étouffent devant les affiches, tremblants, anxieux de connaître leur sort qui est rarement favorable. L'ouvrier perd son pain, le commerçant ses bénéfices et son crédit, le propriétaire sa fortune et son repos; mais la leçon reste sans fruit. Une puissance occulte, un mauvais génie les pousse et enchaîne leur liberté.

29 avril. Pompéi.

Nous nous rendons de bon matin en chemin de fer à *Valle di Pompéi*. Là se trouve une Vierge miraculeuse, tableau d'autel à la gloire de Notre-Dame du Rosaire, à l'intérieur d'une basilique flamboyante, construite pour recevoir les nombreux pèlerins qui viennent chaque année. Dans une chapelle dédiée au Sacré-Cœur a été guérie tout récemment, sur ses invocations à la bienheureuse Marguerite-Marie, une religieuse de Rome paralysée depuis plusieurs années, sœur Ersilia Cella[1]. Cette église a de belles orgues dont le son imite le roulement du tonnerre.

Les religieux de l'ordre de saint Benoît, qui desservent le sanctuaire, dirigent une école et un atelier pour les enfants des forçats. Sous une discipline toute militaire, ceux-ci travaillent à une imprimerie, destinée à les faire connaître et à procurer à leurs bienfaiteurs les ressources nécessaires pour les élever et

---

1. *Mois du Sacré-Cœur*, par l'abbé Berry.

les occuper. Leur teint jaune mat, éclairé par de grands yeux brillants, me frappe ; grands et petits sont marqués de ce signe. Nous traversons une classe où une institutrice apprend à lire à une vingtaine de fillettes, dont l'insouciance et la grosse face réjouie disent assez qu'elles ignorent le passé et qu'elles ne savent pas s'il y a un avenir. Dans une salle voisine sont réunis de gracieux bébés, destinés aux familles riches qui, n'ayant pas d'enfants, en adoptent. On leur ouvre les portes et elles font leur choix dans cette gentille et naïve exposition.

Quel service inappréciable rendent ces excellents religieux aux infortunées victimes des fautes de leurs parents ! ils les dérobent à la honte, ils les soustrayent aux mauvaises influences, particulièrement redoutables pour elles, et leur préparent une existence normale et honnête.

L'après-midi est consacré à la visite des ruines de Pompéi. Plus encore que celles du Forum ou du Palatin, ces ruines inspirent une tristesse et une mélancolie profondes. D'abord, elles sont moins délabrées et rappellent mieux ce qu'elles furent. De plus, leur histoire, quoique lointaine, est un drame si sombre, une catastrophe tellement effroyable, qu'elle revit spontanément dans notre esprit à leur vue.

Pompéi, ancienne ville de l'Empire romain, dans une situation des plus agréables, au bord de la mer, aisée sans être luxueuse, vivant d'un commerce moyen, a été détruite une première fois, par un tremblement de terre, en l'an 63 après J.-C. A peine avait-elle repris forme, que l'épouvantable éruption du Vésuve la couchait sous les cendres en l'an 79. Les fouilles commencées en 1748, sous le roi Charles III, dans le but de découvrir des objets antiques et précieux, se poursuivent activement aujourd'hui. Elles prirent un développement considérable sous le pontificat de Pie IX. La ville mesurait deux mille six cents mètres de circuit; il n'y en a pas encore la moitié mise à jour. La lave qui couvrait les restes les a gardés intacts.

Figurez-vous une ville plate, fauchée à trois ou quatre mètres de hauteur, décapitée, dont la trace des rues et la base des constructions sont parfaitement conservées. Toute la partie terre à terre de la ville : rues, places publiques, rez-de-chaussée des maisons, portiques, parvis des temples subsistent tels quels. Tout ce qui s'élève a été brisé, brûlé, effondré et forme des brèches, des ruines béantes, des débris dentelés de niveau différent. C'est une réunion de bâtiments exposés à la pluie, au soleil, au vent, — on se voit de l'un à l'autre, — une ville à jour. Les rues sont pavées et assez étroites ; de larges pierres, séparées par des intervalles dans lesquels s'engageaient les pieds des chevaux et les roues des chars, servent de trottoirs pour aller d'un côté à l'autre.

Nous traversons plusieurs maisons ; toutes présentent le même plan. Seules, les dimensions varient suivant le rang social de leurs propriétaires. Elles se décomposaient en trois parties principales qui se faisaient suite : un vestibule (l'*ostium*), une cour fermée, ouverte seulement au-dessus d'un réservoir dans lequel tombait l'eau de la pluie, et une cour découverte avec un jardin au milieu, souvent agrémenté de jets d'eau. Ces deux cours étaient entourées d'appartements : d'un côté ceux des hommes, de l'autre côté ceux des femmes. Entre les deux et au fond, les salles de réception. Les murs de ces pièces sont décorés de fresques aux sujets fantaisistes et mythologiques, tantôt idéalisés, tantôt représentés avec le plus franc réalisme ; compositions toujours ingénues, quelquefois bouffonnes. Les esclaves occupaient les appartements du premier étage.

Une des plus grandes et des plus élégantes habitations a été retrouvée tout récemment : la maison des Vetti, riches patriciens de Pompéi. Les proportions en sont grandioses. Plusieurs cours, entourées de galeries à colonnes, sortes de cloîtres, se succèdent. L'une d'elles encadre un parterre coquettement dessiné ; des touffes de feuillage s'échappent de minces jets d'eau, qui retombent dans des bassins de marbre, alternant avec de belles statues le long des piliers. Les fresques des chambres admirablement conservées, sont d'une finesse de pinceau et d'une légèreté de teinte délicieuses. Les plus jolies sont celles de la bibliothèque. Sur un fond de couleur brune se détachent : ici de simples dessins, un grand candélabre avec des branches piquées de fleurs et deux perroquets qui se regardent ; là, tout un monde de formes et d'êtres gracieux, gentilles allégories pleines de naïveté, vrais tableaux d'idylles juxtaposés sans avoir aucun rapport : la vendange, le marché, la musique, l'apothicairerie ; puis un charmant cordon de petits amours qui courent, ceux-ci à pied, ceux-là en char, d'autres les ailes déployées, quelques-uns armés de flèches, tout autour de l'appartement.

Après cela, nous considérons le théâtre, l'amphithéâtre et le forum. Nous gravissons des marches qui nous élèvent sur les temples d'Isis, de Jupiter et de Vénus. Leurs colonnes brisées dans leur essor vers le ciel, symbole de l'idolâtrie renversée, restent des monuments destinés à figurer l'anéantissement des faux dieux.

Dans un musée qui se trouve à l'entrée de la ville, sont exposées sous verre quelques-unes des victimes de l'éruption qui ont été retirées des décombres. La plupart ont été envoyées au musée de Naples. Il s'est produit pour elles le phénomène suivant : au moment de l'éruption, la coulée de cendre et de lave qui s'est précipitée sur la montagne, inondant tout ce qu'elle rencontrait, champs, arbres, maisons, asphyxia les malheureux habitants de la région atteinte. En même temps la lave les couvrait, les baignait, les revêtait, consumait leur chair, dessinait toutes les formes de leur corps, dans la position qu'ils avaient alors : assis, couchés, debout, penchés. Elle les moulait en quelque sorte, entourant les doigts des mains et des pieds, et remplissant les yeux et les oreilles. Peu à peu, cette couche brûlante, arrosée par la pluie et mêlée aux cendres, s'est refroidie, durcie, pétrifiée ; fixant ainsi les contours et l'attitude.

Nous voyons un homme couché sur le côté gauche, les jambes croisées, la tête tournée à droite et appuyée sur le bras. Sous la pierre sont les os, ou, s'ils ont été retirés, du plâtre coulé à la place. — Une femme étendue à terre, occupée sans doute à lire, si l'on en juge par les mains ouvertes comme pour tenir quelque chose et par la tenue du corps reposant sur les coudes et sur les genoux ; la lave, en dévorant ses cheveux et ses vêtements, a formé des bourrelets pétrifiés sur la tête et sur le dos. — Un chien à la renverse, immobilisé au moment où il se débattait contre les atteintes de l'asphyxie, les quatre pattes relevées sous la tête ; — un petit enfant qui dormait du sommeil de l'innocence. On montre aussi de nombreux objets de ménage et d'art qui ont été trouvés dans les fouilles.

30 avril. La Solfatare, Pouzzoles, le cap Misène.

Hier, nous longions la côte de Sorrente en chemin de fer. Nous suivons aujourd'hui en voiture la rive opposée, les sites coquets, fleuris et parfumés du Pausilippe et du cap Misène. La route s'élève au-dessus de la mer, en avançant dans les terres à travers les vignes. Première étape : la Solfatare. Tout le terrain des environs de Naples est volcanique.

En Auvergne, vous voyez le sol hérissé d'ampoules de terre qu'on appelle des Puys, c'est le résidu des volcans éteints. Ici, la terre est en pleine ébullition sous d'immenses nappes; ses entrailles se consument avec une activité différente suivant les places. Aux tournants de routes, vous rencontrez des cratères reconnaissables à la couleur du sol, à l'odeur et à la fumée.

La Solfatare est un de ces cratères à demi éteints qui accomplissent en secret, dans les profondeurs les plus reculées de la terre, leur besogne effroyable; se réveillant plus ardents lorsqu'on les croit éteints et restant pour les yeux des hommes un mystère. Il a la forme d'un bassin ovale. La terre est blanche et s'émiette en petite poussière, comme du salpêtre. Le sol creux résonne sourdement sous le pied qui le frappe ; il est percé çà et là, ainsi que les parois poreuses, de mille fentes imperceptibles, par où s'échappent, avec une odeur de soufre très prononcée, des mèches de fumée : mélange de soufre, d'arsenic, d'ammoniaque et d'alun. En approchant une torche allumée, la fumée jaillit spontanément des parties effleurées. Le guide nous retire d'une grotte des pierres jaunes, imprégnées de soufre, toutes chaudes.

Pouzzoles, ancienne résidence de Cicéron, bourg malpropre, se déployant sur une colline avec des rues en zigzags. Nous dominons l'île de Nisida, séparée de la terre par un court bras de mer, le rocher voisin sur lequel se trouve un lazaret, — on dirait un satellite tout prêt à tourner autour de sa planète, — et le cap Misène. L'onde perle au soleil et baise avec mollesse les contours du rivage.

De l'eau à droite, de l'eau à gauche. Nous côtoyons un tout petit lac, bien bleu, très mignon, limpide comme le cristal ; il clapote faiblement et sourit aux flèches dorées du soleil qui l'amusent : c'est le lac Lucrin, riche en écrevisses. A quelques centaines de mètres du rivage s'ouvre le sombre lac d'Averne, aux eaux noires, étouffé entre trois collines, plantées de châtaigniers et de vignes, qui recèlent des cavernes. Celles-ci rappellent des histoires fabuleuses. Virgile y place l'entrée de l'enfer. Un gardien, espèce de cerbère, se tient dans ce lieu sinistre. Il cherche à nous exploiter et nous nous retirons en échangeant des sottises.

Nous déjeunons à Baies, village moitié antique moitié moderne, situé sur le bord de la mer, vis-à-vis Pouzzoles. Les vagues se heurtent sans bruit, appelant d'une voix lugubre ceux qui ne sont plus :

> Colline de Baya ! poétique séjour !
> Voluptueux vallon qu'habita tour à tour
> Tout ce qui fut grand dans le monde,
> Tu ne retentis plus de gloire ni d'amour.
> Pas une voix qui me réponde
> Que le bruit plaintif de cette onde
> Ou l'écho réveillé des débris d'alentour.
>
> (LAMARTINE.)

Le cap Misène est une masse rocheuse qui s'avance dans la mer. Il est relié à la côte par une étroite bande de terre. Elle isole de la pleine mer une espèce de lac immobile, nommé « Mer Morte », où se trouvent des salines. Le nœud est formé par le village de Misène, accroché aux flancs de la montagne.

Nous repassons à Pouzzoles. Pour éviter les courbes et les sinuosités de la côte, la route retourne brusquement et attaque la colline jusqu'au sommet, par des rampes hardies qui se succèdent sous la verdure, étendant et éloignant à chaque tournant la vue sur la mer et le rivage. Sur l'autre versant, la route descend en pente plus douce sur le Pausilippe.

30 avril-1ᵉʳ mai. Le miracle de saint Janvier.
Une émeute.

Nous étions rentrés assez tôt pour être témoins du miracle de saint Janvier, loin de prévoir ce qui nous attendait.

Saint Janvier, enfant de Naples, mourut évêque de Bénévent, en 395. Ce miracle, la liquéfaction spontanée du sang, a une réputation universelle. D'un caractère spécial, unique dans son genre, dépourvu de résultats matériels et sensibles, tels que la guérison des malades, par exemple, il rencontre beaucoup de sceptiques et d'incroyants. Le doute a été accrédité surtout depuis l'incident de la campagne d'Italie. Pendant l'occupation de Naples par les Français, le miracle tardait à se faire et la panique saisissait le peuple; le général Championnet fit alors menacer les prêtres. Le sang se liquéfia. Mais ce n'est qu'une pure coïncidence, quiconque a vu le miracle peut et doit affirmer cela. Impossible d'ailleurs d'insérer un ingrédient, attendu que le sang est contenu dans une double enveloppe de verre, fermée à l'émeri.

Le prodige se renouvelle chaque année, à deux époques différentes, pendant huit jours consécutifs : le 30 avril et la semaine qui suit, le 19 septembre, fête du saint, et l'octave. Il est toujours fidèle à ces deux dates, et à ces deux dates seulement ; quelquefois cependant il recommence le 17 décembre. La liquéfaction se produit d'un seul coup et non par degrés ; le sang bouillonne, et devient liquide après deux ou trois secondes.

Pour opérer le phénomène, il suffit de mettre le sang en présence de la statue de saint Janvier, en argent massif, qui renferme ses ossements. Certaines prières sont prononcées avec de grands cris, des éclairs dans les yeux, des menaces et des supplications dans la voix et dans le geste, par les membres d'une association, composée surtout de femmes, dite « la famille de saint Janvier ». Le miracle a lieu après une attente plus ou moins longue, à laquelle sont attachés des pronostics. S'il arrive tout de suite, c'est un très mauvais présage pour les intérêts du pays, c'est l'indice d'un malheur, d'une catastrophe ; il y a là un fait d'expérience. Le peuple s'affole et se livre aux accès de la plus noire terreur. On se tient d'autant plus sur ses gardes cette année en raison de la complication des événements politiques.

Le 30 avril, le clergé apporte processionnellement la relique de saint Janvier, de la cathédrale où elle réside à *Santa Chiara*, distante de deux kilomètres environ. C'est là que se fait le miracle pour la première fois, vers cinq heures du soir. Le cortège s'ouvre par quarante-huit statues colossales, en argent massif, des patrons de Naples.

Nous quittons l'hôtel à quatre heures et demie pour nous rendre, en compagnie de quelques étrangers, à *Santa Chiara*. Le tramway s'arrête subitement sur la place Saint-Ferdinand. Une foule compacte encombre la voie et arrête la circulation. Au milieu brillent des armes et des uniformes militaires. Des cris impérieux et violents retentissent avec un tumulte indescriptible, en même temps que les bâtons, les cannes et les couteaux s'agitent dans l'air. Mon Dieu ! qu'est-ce que cela signifie? Des gens à mine plus que douteuse, tout déguenillés, une mauvaise croûte de pain attachée sur leur épaule pêle-mêle avec un sac et des souliers, passent et repassent devant nous. Un voyageur charitable me donne le mot de cette énigme : Naples est en révolution. Comme nous nous envolions le matin, insouciants et joyeux, vers les flancs ensoleillés du cap Misène, les cerveaux toujours en ébullition, comme le terrain volcanique au-dessus duquel ils planent, fermentaient et éclataient. Un peuple en pleine insurrection. Des bandes de révolutionnaires parcouraient la ville depuis le matin, envahissant les boulangeries, pillant les magasins, assiégeant les palais du gouvernement, demandant la baisse du prix du pain et criant famine. Quelques-uns pouvaient être de bonne foi, — il est clair que sans travail le pain devient rare, — mais, en général, la famine fournissait un prétexte. La taxe du pain à quarante et trente-cinq centimes était moins élevée qu'en France à la même époque. Plusieurs manifestants avouaient même qu'ils ne se révoltaient que par solidarité avec les affamés. En réalité, il y avait un mot d'ordre, une secousse provoquée par les sociétés secrètes, pour aboutir à la chute de la Royauté, à l'institution d'une république maçonnique. La preuve en est que des troubles semblables éclataient alors dans les principales villes d'Italie. Toutes les fusées partaient du même foyer.

La troupe parvient à dégager la voie, et le tramway se remet en marche, à une allure lente, protégé sur le parcours par les soldats et la police qui font la haie. Nous descendons sur une petite place ronde, devant l'église. Un régiment d'infanterie la cerne. L'intérieur est gardé par les agents de police; ils ont un air de circonstance sous leur casque de toile cirée, avec leur tunique et leurs gants noirs.

Une angoisse pénible paraît sur les figures et altère les traits, un frisson agite l'assemblée à chaque bruit, à chaque rumeur qui arrive aux oreilles des fidèles. On craint l'irruption des révolutionnaires. La procession n'osait sortir de la cathédrale, et on ne pouvait nous dire à quelle heure elle arriverait; il n'était pas même certain qu'elle eût lieu. Las d'attendre, et redoutant pour les personnes que nous accompagnions,— parmi elles se trouvaient plusieurs femmes, — les effets d'une bagarre, je prends le parti de les emmener. Monsieur l'Abbé, très désireux de voir le miracle, a résolu de rester jusqu'au bout.

Nous suivons d'abord des ruelles détournées, puis nous atteignons la rue de Tolède. Quel tableau ! Tous les magasins fermés. Plus personne dehors. Des pelotons de soldats, échelonnés de cent en cent mètres, et des patrouilles allant des uns aux autres. Un silence de mort sur la ville, interrompu par le roulement des omnibus qui descendent, chargés de malles, vers la gare. Je ne crois pas qu'en temps de guerre une capitale puisse offrir un aspect plus triste et plus désolé. Nous voilà sur la place Saint-Ferdinand, où nous avions été arrêtés quelques instants auparavant. Du centre de la place, noire de monde, circonscrite par la troupe, partaient des vociférations, des hurlements furieux, avec ce refrain sinistre sur un ton de révolte : *Pane... Pane... Morte... Morte... Abbiamo fame.*

Je n'ai que le temps d'écarter bien vite une dame et une jeune fille à ma portée... Surgissent brusquement devant nous : des femmes en haillons, les cheveux au vent, les yeux étincelants de rage, les dents serrées, de vraies furies; des enfants armés de couteaux et de bâtons; des hommes se disputant, s'injuriant, se frappant, qui se précipitent tous dans la même direction. Ils étaient plus de deux cents. Jamais je n'ai assisté à un spectacle aussi abominable.

Il n'est pas possible de se figurer à quel degré d'égarement la colère et la faim transportent les Italiens, à quel état sont ravalés ces êtres qui ne méritent plus le nom d'hommes et encore moins celui de femmes. En Italie, tout est brûlant, tout est inflammable : le sol, l'air, les passions. Il y a du feu partout, sous la terre, dans l'atmosphère, dans les esprits. Ce ne sont que fours et volcans, et lorsqu'ils éclatent, la détonation est terrible. A vivre sous ce climat énervant, en face du Vésuve toujours allumé, les tempéraments et les caractères s'échauffent. En France, nous ne pouvons pas nous faire une idée de cela; les émeutiers français, avec leurs crimes et leurs excès, sont pâles devant leurs coreligionnaires italiens. Les femmes surtout étaient hideuses: des hyènes en furie auxquelles on aurait ravi leurs petits; je les ai encore présents ces yeux qui vomissaient la flamme et le sang. La vipère en fascinant a moins d'éclat dans les prunelles. Au paroxysme du délire, plusieurs mégères enfonçaient leurs poings dans la bouche.

Derrière ce troupeau de bêtes fauves, affolées par le déchaînement de leurs instincts féroces, s'élance un peloton de cavalerie. Il fallait dompter ou écraser ces monstres. Le spectacle est empoignant.

Une jeune fille blême de terreur se cramponne à mon bras, elle se serre contre moi, en me suppliant de la défendre. Je la rassure, lui persuadant qu'elle ne court aucun danger. Son corps tout entier tremblait et tressaillait par petites secousses, vives, pressées, saccadées, comme un fil électrique. J'ai compris, en ces rapides instants, tout ce qu'il y a d'impressionnabilité dans la femme et quelle prise a sur elle une forte émotion.

La cavalerie a chargé : quelques morts, un certain nombre de blessés ; le reste des perturbateurs s'enfuit à toutes jambes. Il faut noter l'énergie de la répression qu'il serait bon d'imiter chez nous en maintes circonstances. Elle est urgente avec l'exubérance et l'impétuosité italiennes. On ne se fait du reste aucun scrupule de donner la mort à des hommes rabaissés à l'état des animaux les plus sauvages. Des dépêches étaient envoyées dans les villes voisines pour demander des troupes de renfort.

Ce que je ne saurais oublier, c'est le trait suivant, caractéristique d'un peuple désuni, sceptique à fond. A onze heures du soir, quelques barques de pêcheurs glissaient le long du rivage, à la lueur d'un falot qui traçait sur l'onde une traînée lumineuse. Accoudé à mon balcon, j'écoutais les airs plus ou moins sentimentaux et galants que faisaient monter vers nos fenêtres des artistes populaires, groupés devant les hôtels sur le quai.

Tout à coup, je vois entrer mon compagnon très ému, me jetant cette exclamation : « C'est affreux ! entendez-vous ? — J'entends, lui répondis-je, des choses qui chatouillent agréablement l'oreille. — Il s'agit bien de cela », me dit-il, et, sans prendre la peine de contrôler mon affirmation, il m'entraîne dans sa chambre, située vis-à-vis, où arrivaient les bruits de la ville.

La nuit était très noire, l'air humide. Des appels séditieux, des exclamations sonores, des cris rauques, des hurlements aigus et prolongés, entrecoupés de bruits d'éclats de verre pulvérisé, de craquements de bois : tout cet orchestre infernal s'élevait des ténèbres et parvenait à nos oreilles, lugubre dans le silence et l'obscurité de la nuit. Puis résonnait très nettement sous la fenêtre, se répercutant longtemps encore après leur passage, le galop des chevaux. Alors c'étaient de nouvelles clameurs, des plaintes, des gémissements, toutes les voix de la souffrance, de la colère et de la révolte qui se mêlaient. La cavalerie avait chargé et dispersé les manifestants. Quelques minutes d'un silence lourd, oppresseur... D'un autre quartier, d'un point éloigné de la cité, partent les mêmes bruits que tout à l'heure. De nouveau le sabot des chevaux roule sur le pavé et met fin au désordre. Ainsi de suite toute la nuit. Et pendant que des misérables se frappaient, se tuaient, en proie à la démence la plus farouche, leurs concitoyens, le sourire sur les lèvres, chantaient l'amour et le plaisir aux étrangers.

La ville en guerre et en révolution, la côte tout à la joie et à la rêverie ; d'une chambre on écoutait la mandoline, de l'autre on entendait des paroles incendiaires.

Le quai s'endort calme et paisible, comme le ciel et comme la mer, bercé aux accords de la musique. Il épouse l'indifférence de la nature que Lamartine déplore éloquemment dans sa belle description d'un champ de bataille :

Mais au sort des humains la nature insensible
Sur leurs débris épars suivra son cours paisible ;
Demain la douce aurore, en se levant sur eux,
Dans leur acier sanglant réfléchira ses feux.
Le fleuve lavera sa rive ensanglantée,
Les vents balayeront leur poussière infectée,
Et le sol engraissé de leurs restes fumants
Cachera sous des fleurs leurs pâles ossements.

Qui de nous n'a pas souffert, à quelque heure de la vie, de cette indifférence et de cette ironie de la nature ?

La face opposée de Naples se débat dans les convulsions du délire et de la faim, et rougit de scènes sanglantes. Contraste saisissant qui émeut et qui donne à réfléchir.

Le premier mai, nous prenons de bonne heure le chemin de la cathédrale, toujours pour assister au miracle. Mon compagnon avait déjà vu ce prodige, la veille. La procession était sortie avec un long retard et la liquéfaction se produisit à *Santa Chiara*, au bout d'une demi-heure d'attente.

La cathédrale est une église gothique, à trois nefs, avec une coupole. Le plafond et les murs donnent l'illusion d'une vaste toile aux lignes harmonieuses et aux teintes douces. Sur le plafond de la grande nef alternent des médaillons ovales et carrés : « les scènes de la Bible et la vie de la sainte Vierge ». Dans le creux de la coupole le Dominiquina représenté « l'Adoration des Mages ». Tout le long des collatéraux, des chapelles. La troisième chapelle du collatéral droit est la chapelle Saint-Janvier, où est conservé le sang du martyr. Elle a été élevée à la suite d'un vœu fait à saint Janvier durant la peste de 1527. C'est une croix grecque avec huit autels. Au-dessus des cinq principaux, s'étalent des tableaux du Dominiquin sur cuivre.

Les décorations, or et marbre, sont d'une grande richesse. Une grille basse circulaire isole les autels du reste de la chapelle.

On nous fait pénétrer dans le chœur, en compagnie de quelques privilégiés, ecclésiastiques et laïques. Une foule très compacte se presse derrière la grille. Des femmes du peuple, au premier rang, l'œil fixe, articulent à haute voix, sur un ton vibrant, des prières que nous ne comprenons pas; elles s'émeuvent, s'agitent, crient, pleurent, menacent. Des agents de police sont massés en grand nombre dans le sanctuaire pour maintenir l'ordre.

Devant le maître-autel, sur la marche la plus haute, tourné vers l'assemblée, le prélat officiant élève le reliquaire qui renferme le sang de saint Janvier. Ce reliquaire en argent a la forme d'un ostensoir de dimensions réduites; le prélat le tient par le pied. Au centre, dans la partie vitrée, — douze centimètres de diamètre, — et transparente, se trouve le sang, conservé dans deux ampoules de verre juxtaposées. L'une, cylindrique, ressemble aux petites fioles de pilules utilisées en pharmacie; il n'y a presque pas de sang. On aperçoit sur le verre quelques taches rouge foncé, sans importance, qui ne sont pas accessibles à la liquéfaction. Cette ampoule est légèrement penchée, elle a une position oblique par rapport au plan du reliquaire. L'autre ampoule, séparée de la première par un espace de deux centimètres, est beaucoup plus grande. Sa forme est celle d'un cœur renversé, d'une poire aplatie; elle contient une certaine quantité de sang. Comme le sang qui séjourne depuis longtemps dans un flacon, il s'est coagulé, solidifié. Il est collé au fond et aux parois de l'ampoule en filaments noirs; on dirait de la poix, de l'encre desséchée. Un prêtre place derrière la glace du reliquaire une bougie pour montrer au peuple l'état du sang. *È duro, è duro,* dit le prélat : « il est sec, il est sec. » La statue de saint Janvier qui recouvre les ossements est à gauche de l'autel.

Tous les yeux sont rivés au reliquaire, épiant fiévreusement l'instant de la liquéfaction, tandis que des prières spéciales et des litanies sont récitées. La veille, le miracle s'était fait attendre près d'une demi-heure. Aujourd'hui, il y avait à peine dix minutes que l'assistance priait, quand nous voyons soudain le sang bouillonner dans l'ampoule la plus grosse, s'élever et retomber, produire de grosses bulles qui s'évanouissent, et, après quelques secondes, rester stable à l'état d'un liquide rouge très foncé, presque noir, qui remplit environ les deux tiers de l'ampoule. On chante le *Te Deum*. L'officiant retourne et renverse sens dessus dessous le reliquaire, pour montrer que le sang est réellement liquide et qu'il suit le mouvement du récipient, dont il occupe les deux tiers dans chaque position. Avec beaucoup d'obligeance, le prélat remet le précieux reliquaire entre les mains de mon compagnon, pour lui permettre d'étudier le phénomène. Le *Te Deum* terminé, on fait vénérer la relique aux fidèles, la posant sur leur tête d'abord, puis sur leurs lèvres.

Ce miracle entretient la foi et ranime la confiance du peuple. C'est un événement qui fait grand bruit dans la ville. Les circonstances en sont minutieusement observées et leur interprétation passionne les Napolitains.

Naples a la même physionomie que la veille: la physionomie d'une ville morte ou, du moins, agonisante. Les équipages ne sortent plus, l'aristocratie se retire dans ses hôtels, les étrangers sont partis ou font de lointaines excursions, les magasins restent fermés.

Seuls, les soldats, tantôt immobiles tantôt en marche, circulant par petits groupes ou par pelotons serrés, animent la ville et révèlent la survivance de l'humanité. Ils paraissent bien disciplinés, mais leurs vêtements sont en mauvais état, râpés, déchirés. L'uniforme de l'infanterie diffère peu du nôtre; le pantalon est gris bleu, avec un passepoil rouge, la tunique noire. Les officiers de service portent une écharpe jaune. Les bersagliers, avec leur bouquet de plumes crânement posé au côté du chapeau de toile cirée, attirent surtout les regards. Les chevaux de la cavalerie sont en général petits.

Qu'il est doux de reposer ses yeux aveuglés par le scintillement des armes, sur la mer bleu foncé, calme, ample, majestueuse! Mille barques la taquinent et l'agacent. Semblables aux petits chiens auxquels on vient d'enlever la laisse, elles prennent follement leurs ébats, allant et revenant sur leurs pas, essayant leurs forces, joyeuses d'être détachées du port. Le calendrier marque Dimanche, jour de repos et de promenade. Dans la ville tout est en ébullition; le soleil irrité darde ses rayons les plus chauds pour attiser la haine et la fureur. La mer offre dans ses plis de velours un abri aux innocents et aux pacifiques; très câline, elle endort leurs soucis et leurs angoisses.

2 mai. Le Vésuve.

A neuf heures du matin, un landau à trois chevaux stationnait devant l'hôtel. Nous y montons avec deux autres personnes, et nous nous plaçons à la suite des voitures qui s'élancent vers Portici. Là, nous rencontrons une manifestation révolutionnaire. Une soixantaine d'insurgés, hommes, femmes et enfants, occupent toute la largeur de la rue; ils se poussent et se bousculent, en criant, contre la devanture fermée d'une boulangerie qu'ils veulent envahir. Une grande panique règne dans le village. Toutes les portes sont barrées. Les habitants se cachent, quelques-uns se réfugient sur leurs toits. La voiture parvient à se frayer un passage. Des femmes nous regardent en rongeant leurs poings, c'est pour elles le signe de la faim. A quelques pas plus loin, nous croisons un détachement de soldats, qui accourt au pas gymnastique pour disperser les émeutiers.

A un kilomètre environ de Portici, nous

quittons la grande rue qui longe la mer. L'ascension commence. Vu du bas, le Vésuve a la forme d'un cône nu, d'une pyramide grisâtre qui monte en s'effilant. Point de verdure sur ses flancs, pas un arbre, mais l'unique vêtement de poussière grasse, de cendres épaisses, de sable noir, de pierres pulvérisées, qui sont le résidu des éruptions. Une route en lacets serpente dans cette espèce de désert.

Tout le long du chemin des mendiants entourent notre voiture, et trompent la sévérité du lieu en tirant des instruments les plus primitifs des accords, assez médiocres d'ailleurs. La distraction est soigneusement variée : quelques-uns font gémir leurs violons démembrés, d'autres sifflent des airs napolitains, ceux-ci chantent, ceux-là frappent seulement deux morceaux de fer l'un contre l'autre. C'est l'exploitation des étrangers sous toutes ses formes.

Nous dépassons la caverne rustique et minable de l'ermite traditionnel. A chaque tournant, la vue s'étend. Le petit coin de mer bleue, qui sourit à nos pieds, grandit et se change en une vaste nappe d'azur. Les points lumineux qui brillent au soleil sur la côte deviennent bientôt des maisons parfaitement distinctes; ces maisons se multiplient, se groupent, et reproduisent Naples avec les sinuosités de son rivage et les courbes de ses collines. Au-dessus, la pointe du cône s'élargit à mesure que nous nous élevons. Après deux heures de montée symétrique de droite à gauche, puis de gauche à droite, nous atteignons l'observatoire, petit chalet construit à un kilomètre environ au-dessous du cratère.

Là nous échangeons la voiture contre le funiculaire.

Un wagon ouvert, à trois compartiments de six places chacun, s'élevant graduellement de quelques centimètres, grimpe, au moyen d'un engrenage à crémaillère, sur une rampe progressive de 43 à 63 degrés. Le parcours de huit cents mètres s'effectue en un quart d'heure. Les rails sont posés sur une veine de la montagne en dos d'âne; ce qui fait qu'on a le vide et le précipice à droite, à gauche et derrière soi. En face de moi, un jeune homme presse affectueusement la main d'une jeune fille très effrayée qui, de l'autre, se couvre les yeux pour ne rien voir. A intervalles réguliers, il murmure à son oreille, d'une voix très douce, cette gamme rassurante : « Nous approchons. Plus que dix minutes, plus que huit, plus que cinq, plus que deux... » Nous sommes arrivés. Un soupir de soulagement, comprimé jusque-là par la peur, s'échappe des poitrines.

Il reste encore quinze minutes pour gagner le sommet du cône qui, cette fois, ne nous apparaît plus comme la tête d'un pain de sucre, comme une pointe, mais comme un double plateau divisé par un fossé. C'est le mont Somma en arrière, et le Vésuve, proprement dit, au premier plan. Cette dernière partie de l'ascension est la plus pénible. La lave et les scories qui tapissent les parois de la montagne sont beaucoup plus épaisses que dans le bas. Le pied, enfonce et il est difficile de marcher.

L'ouverture du cratère peut avoir soixante mètres de circonférence ; les touristes se promènent tout autour. Nous nous tenons sur le bord, dans le sens du vent qui pousse de l'autre côté la colonne de fumée qui s'en échappe, et nous regardons. L'intérieur du gouffre est rempli par une épaisse fumée, très noire dans le bas, qui s'éclaircit à mesure qu'elle monte. Elle est traversée par des pierres incandescentes, de différentes dimensions, qui volent, se heurtent, s'élèvent et retombent dans la cavité, mais ne dépassent qu'accidentellement le niveau de l'orifice. Le fond, qu'on aperçoit par instant, a l'aspect d'une immense forge rougie à blanc. Il rappelle les fours des verreries de Venise. Du feu, rien que du feu. Un brasier ardent qui projette une lueur sinistre. C'est le foyer où se consument les substances de la terre, d'où se détachent les blocs incendiaires qui volent en l'air, et où ils retombent avec fracas.

La cime du volcan change sa forme mobile, la lave s'affaisse, la pierre roule et rentre en grondant au fond des entrailles brûlantes qui l'avaient rejetée : tel Satan vomi par l'enfer se replonge dans le gouffre béant.

(CHATEAUBRIAND : *Les Martyrs*).

La fumée qui fuit est mélangée de cendres qui vous noircissent comme la poussière du charbon en chemin de fer. Un roulement continu, mais inégal, croissant et décroissant, mourant et renaissant subitement, secoue l'air. On dirait le choc du Gave sur les pierres, au plus profond d'une vallée des Pyrénées. La mer jette un pareil son quand elle se rue, dans une grotte, sur les rochers qui brisent ses vagues et les pulvérisent. C'est encore, si vous le voulez, le bruit de coups de canon qui se succèdent sans interruption pendant une bataille, des coups de tonnerre successifs dans un violent orage. Des craquements se font entendre et provoquent des fissures dans le sol. On est littéralement aveuglé et assourdi.

Tout à coup le grondement souterrain grossit et se répercute avec des échos effroyables. Les coups se suivent, se rapprochent, se confondent. La fumée est déchirée de bas en haut par de véritables boyaux de feu, sortis des entrailles de la terre, qui se croisent, se nouent et s'enchaînent ; tels, par une nuit d'orage, de longs éclairs qui sillonnent un ciel sombre. De petites pierres rouges, chaudes, vives, des charbons allumés, de la braise, en un mot, volent de toutes parts. Naïvement j'ouvre mon ombrelle. Elle est percée aussitôt par une pierre qui lui fait une cicatrice de la largeur d'une pièce de vingt sous, jaune sur les bords. Le roulement augmente toujours, de plus en plus menaçant. Aux petites pierres inoffensives de tout à l'heure s'en ajoutent de plus grosses, puis d'énormes, qui tombent lourdement à terre. Les guides nous pressent de fuir. Nous étions fascinés par ce spectacle terrible, empoignant, devant lequel nous jouions notre vie. J'entends mon ami pousser un cri. Un bloc de pierre, de la forme d'un boulet de canon, tout rond, ardent comme un tison, venait de tomber à ses pieds. Nous descendons à pas de géants la pente de la colline, chassant devant nous des monceaux de lave qui glissent sous nos pieds. Un photographe est frappé, au moment où il touchait l'obturateur, par un éclat enflammé; son bras tombe inerte et sans vie. Un vieillard s'évanouit, on l'emmène.

Arrivés à la station du funiculaire, tout essoufflés, hors de danger enfin, nous contemplons, avant de redescendre, ce phénomène saisissant. Une gerbe de feu, faite de pierres embrasées de toute forme et de tout poids, jaillissait du cratère, s'élevait à plusieurs centaines de mètres et se rabattait en une pluie fine et serrée qui fouettait la montagne. C'était un feu d'artifice, une fusée monumentale, montant toute droite vers le ciel, s'inclinant et versant une grêle de cailloux brûlants et de matières incandescentes. Pendant ce temps-là, les lèvres du cratère bavaient une coulée de lave épaisse, gluante, luisante, engendrée par la vapeur d'eau, qui dégouttait par derrière sur les flancs du cône.

En temps habituel, on voit et on entend au Vésuve ce que nous avons vu et entendu à notre arrivée. On entend un grondement souterrain, et on voit à l'intérieur du cratère de la fumée traversée par des matières en feu. Nous étions en présence d'une poussée volcanique, comme il s'en produit quelquefois. Les guides nous ont assuré, si l'on fait abstraction de l'éruption de 1895, n'en avoir pas vu d'aussi violente depuis dix ans. En somme, c'était une éruption en miniature qui nous a donné, toutes proportions gardées, une idée des grandes éruptions. Les principales sont celles des années 79, 472, 1631, 1707, 1779, 1794, 1822, 1858, 1873, 1895.

Comme l'homme se sent petit, faible, désarmé devant cette puissance formidable des éléments! puissance brutale, inintelligente, mais qu'il ne peut dompter. Pour les volcans qui surgissent au bord de la mer, certains savants les attribuent à la rencontre des eaux avec les matières incandescentes de l'intérieur de la terre. Ce sont les masses de matières liquéfiées par le feu (bois, pierres, rochers, terre), tirées des profondeurs les plus reculées du sol, chassées hors des cratères par l'influence de la vapeur d'eau, vomies à mille degrés de chaleur, qui se refroidissent, s'émiettent, se mélangent et forment cette immense couche grise qui revêt le cône tout entier et lui donne un aspect si sévère. La fumée qui s'envole continuellement n'est autre chose que la vapeur d'eau mêlée de cendres.

3 mai. Capri, la Grotte d'Azur.

Éveillée dès l'aube par les rayons les plus riches d'un soleil d'or, toute bleue, très calme, très docile, on ne peut plus séduisante, la mer nous provoquait. Après la fièvre contractée au Vésuve, les fatigues de son ascension, en sortant de ce brasier, c'était tentant, il faut l'avouer. La ville, troublée par les factieux qui en avaient fait un champ de bataille, n'offrait ni sécurité ni agrément.

Un bateau mouillait à l'entrée du port. Il envoyait de petites barques en ambassade au bord du quai et appelait à coups stridents de sirène les passagers et les touristes. Nous nous laissons emporter; le navire allait partir pour l'île de Caprée. Sur le pont se pressaient des étrangers aux types les plus variés et aux costumes les plus pittoresques, sondant le lointain avec leurs jumelles et feuilletant nerveusement le *Bœdecker* classique. Des Petites Sœurs des Pauvres, dont nous reconnaissons de loin la sympathique coiffe et le long manteau noir, quêtent timidement au milieu de nous. Elles se croisent avec des musiciens qui posent par terre leurs instruments destinés à charmer la traversée. Un dernier coup de sifflet, long, entrecoupé; le capitaine commande : En route ! Les artistes saisissent leurs violons, la vapeur gronde, la roue tourne; nous voilà partis.

Nos yeux émerveillés suivent les contours du golfe que le soleil allume à mesure. *Portici, Torre del Greco, Torre dell'Annunziata, Castellamare* sortent successivement de l'ombre et apparaissent au pied du Vésuve. Nous prêtons l'oreille avec complaisance aux accords harmonieux qui embellissent la vue et accompagnent délicieusement nos rêves. Voilà Sorrente, la patrie du Tasse, toute droite sur un rocher au milieu d'un bouquet de fleurs. Quelques passagers descendent, d'autres prennent leurs places. Un long rocher escarpé, en dos de mulet, aux arêtes inégales, se dresse devant nous en pleine mer : c'est l'île de Caprée, — quinze kilomètres de long, — couverte de vignes et d'oliviers. Ses flancs cachent des grottes favorisées de phénomènes curieux. La plus remarquable est la Grotte d'Azur.

Une vingtaine de petites barques sautent tout à coup sur les vagues que le bateau laisse derrière lui : longues et étroites, semblables aux périssoires des plages de l'Océan sur lesquelles s'amusent les baigneurs. Le bateau à vapeur s'arrête, l'eau s'apaise un peu, l'écume fond. Les chaloupes approchent toutes tremblantes, enlèvent comme au vol les passagers, puis se sauvent en hâte vers un point imperceptible qui est précisément l'accès de la Grotte d'Azur. Elles ne reçoivent chacune que deux personnes, avec le batelier qui se tient à l'arrière, et se rangent en file. Au moment d'entrer dans la grotte, le rameur commande : « Couchez-vous. » Les deux passagers de chaque barque se baissent, disparaissent petit à petit et s'étendent maladroitement à plat ventre. On ne voit plus que les bateliers courbés en deux, et on entend des éclats de rire sonores et joyeux s'élever du fond des canots. C'est que l'orifice ne mesure qu'un mètre d'élévation au-dessus de la mer. Sa largeur est la même que celle de la barque; celle-ci frotte en passant contre les parois du rocher.

De nouveau tout le monde se redresse. Quel

réveil ! quel spectacle ! C'est une féerie. C'est un conte des *Mille et une Nuits*. On rêve. Du bleu partout, rien que du bleu, et quel bleu ! clair, transparent, virginal, délicat. L'eau, les rochers, l'espace, tout est bleu. Nous sommes noyés dans cette teinte charmante qui remplit entièrement la cavité. La grotte a la forme d'une abside, d'un demi-cercle irrégulier ; sa longueur est de cinquante-quatre mètres, sa plus grande largeur de trente-deux mètres et sa hauteur au-dessus de l'eau de treize mètres. En haut, en bas, tout autour, l'œil boit ce bleu ravissant, parsemé de petites taches noires, mobiles, surmontées de proéminences : ce sont les barques mollement bercées avec les visiteurs.

J'entends cette réflexion partie d'une embarcation voisine : « Comme une statue de la sainte Vierge ferait bien au fond de cette grotte ! »

Si vous plongez la main ou le bras dans l'eau, ils paraissent argentés, comme couverts de perles. Telles on voit étinceler au soleil, par une belle matinée de printemps, les mille gouttelettes de rosée soufflées sur le gazon et sur les fleurs. Il paraît que ces prodiges sont dus à des effets de lumière, à l'action des rayons du soleil condensés et dirigés sur les rochers par l'ouverture minuscule que nous avons traversée. Ce qui le prouve, c'est que les nuances changent suivant les heures de la journée. Nous étions là vers onze heures. C'est le moment où le bleu est le plus pur.

Nous demeurons quelques instants dans cette illusion, voyant tout en bleu, puis, avec les mêmes précautions que tout à l'heure, nous sortons par la même ouverture, rendus à la pleine mer et tout éblouis par l'éclat du jour que nos yeux amollis peuvent à peine supporter.

Le hasard m'avait donné comme compagne, pour cette traversée originale, une jeune Américaine fort agréable. Elle ne comprit pas le commandement du rameur : « Couchez-vous. »

Un grand nombre de mots français lui étaient familiers : substantifs, verbes, adjectifs; elle les liait ensemble comme elle pouvait, et mettait tous les verbes à l'infinitif. « Quoi dire cet homme ? » me demanda-t-elle, stupéfiée de me voir allongé au fond de la barque, « malade vous ?...—Non. Vous coucher, coucher pour passer. — Pas coucher *moa*. — Si coucher-vous ou mal à vous. — Terrible ! Terrible ! *moa peurer* beaucoup. — Non, pas de danger. — Danger, qu'est cela ? — Rien à craindre. —*Moa* pas comprendre vous. »

Le batelier réitérait ses instances, gesticulait, grondait. Je la supplie de céder. En voyant l'orifice minuscule, elle finit par faire comme moi : « Vous brave ! » Je salue. « *Moa peurer* pas avec vous, mais sans vous *peurer* beaucoup. — Merci de votre confiance, lui répondis-je. Les Français sont braves et toujours galants pour les dames. — Moa aimer beaucoup Français. — Vous avoir beaucoup raison. »

Au retour je conduisis ma jeune compagne, tout à fait rassurée, auprès d'une dame plus âgée qui l'escortait. Nous nous sommes quittés avec beaucoup de démonstrations : poignées de mains, compliments, comme il arrive en pareil cas. Monsieur l'Abbé me rejoignit. Les félicitations redoublèrent : « *Monchieu* abbé, nous avoir entendu votre messe hier. Vous dire la messe très joli, et *Monchieu*, en me désignant, servir la messe très gentil. »

C'étaient deux catholiques des États-Unis. Tout en souriant, je souhaitais vivement savoir autant de mots anglais qu'elles savaient de mots français. Les étrangers sont doués merveilleusement sous le rapport des langues. Il est vrai que celles-ci s'aident entre elles, mais le nombre de mots qu'ils connaissent de chacune est incalculable. Je suis surpris qu'ils ne les brouillent pas entre eux.

Un quart d'heure après, nous débarquions au pied de Capri. L'arrivée plaît. Sur les bords de l'eau, au fond du port indiqué par de simples pierres posées les unes sur les autres, adossés à la montagne, encadrés dans les oliviers, bien groupés, pas serrés, s'étagent les maisons de pêcheurs et les trois ou quatre hôtels qui composent ce qu'on appelle « la Petite Marine ». La ville de Capri se trouve au-dessus. Le court arrêt du bateau ne nous laisse pas le temps de la visiter. Nous sommes de retour à Naples à cinq heures du soir.

4 mai. Le Musée.

Le lendemain, nous nous réveillons avec la pluie. De grandes taches grises qui s'étendent et se résorbent, tantôt plus claires, tantôt plus foncées, voilent le ciel. La mer sale, maussade, est cinglée durement par la pluie; elle n'est pas engageante aujourd'hui. Aussi, à part quelques pêcheurs intrépides que la faim ou l'intérêt pousse dans ses bras, personne ne songe même à la regarder. Les quais sont déserts. Les voitures alignées sur la place exposent leurs capotes usées au vent et à l'eau.

La ville est plus calme. Les révolutionnaires rentrent peu à peu dans l'ordre, ils échouent devant l'énergie de la résistance. Au fond, ils sont lâches, et, le premier moment de délire passé, en songeant à leurs compagnons qui ont laissé leur vie, en voyant les canons braqués sur les places et au coin des rues, en croisant partout les armes dirigées contre eux, beaucoup abandonnent la partie et se retirent dans leurs foyers. Il n'y a plus que les fanatiques qui poursuivent la lutte.

Nous passons une partie de la journée au musée municipal, situé à l'extrémité de la grande rue de Tolède. Ce musée est très riche en antiquités, — peintures murales, inscriptions, terres cuites, marbres, bronzes, médailles, verres, vases, — provenant des fouilles d'Herculanum et de Pompéi.

Citons comme œuvres d'art le colossal « Hercule Farnèse », aux muscles saillants, pesant de tout son corps sur sa massue, et « l'Atlas géant qui porte la terre sur ses épaules » : contrastes avec « la Minerve » aristocratique, au cou moulé, aux attaches délicates. Les énormes têtes en plâtre des empereurs romains sont très expressives. Dans la galerie des bronzes, j'admire un cheval au trot. Quelle pureté de formes! La jambe gauche de devant est levée et accuse des contours d'une élégance remarquable. Un bas-relief m'amuse beaucoup : une nymphe se défend contre un satyre plus fort qu'elle. Lui saisissant le bras, elle se pend à sa barbe qu'elle lui arrache de toutes ses forces. La femme en colère, exaspérée de sa faiblesse, veut vaincre à tout prix. Il y a aussi des bacchanales, histoires fabuleuses, sujets mythologiques, dont il est impossible de démêler le sens.

Un vrai déluge toute la journée. Plus de lumière, plus de chaleur, nous expions l'infidélité du soleil à la mer. En son absence, celle-ci est souillée par la pluie ; elle présente deux lignes très tranchées : sur les bords une ligne jaunâtre ; plus loin, une ligne bleue indéfinie, mais d'un bleu altéré, très pâle, teinté de gris.

5 mai. San-Martino. Le Campo-Santo.

Le matin, nous assistons, mon compagnon pour la troisième et moi pour la seconde fois, au miracle de saint Janvier. Nous revenions pour guider des étrangers de notre hôtel. Le miracle s'est produit dans les mêmes conditions et au milieu du même tumulte au bout de vingt minutes.

Le soir, nous montons à *San-Martino :* une ancienne chartreuse, contiguë au château Saint-Elme, située à deux cent soixante mètres d'altitude, sur la chaîne de collines qui partage Naples. On y arrive par une route en lacets, toute fleurie, bordée de villas élégantes et de jardins ravissants, d'où on contemple la mer bleue et verte qui se perd dans le ciel à l'horizon. Nous visitons la chartreuse. Le gardien nous montre une barque immense dont se servait le roi Charles III pour faire ses promenades sur le golfe, et le carrosse royal avec lequel Victor-Emmanuel et Garibaldi firent leur entrée en 1860.

L'église est de toute beauté. Le marbre noir, tacheté de blanc, ciré, poli, luisant, y est répandu à profusion ; il en revêt tout l'intérieur et donne au sanctuaire un aspect meublé, distingué, correct, recueilli. Il y a de belles fresques : « le Crucifiement » de Lanfranc, au-dessus du maître-autel, très complet et très net dans les détails ; « la Nativité » du Guide... La grille de communion est à jour, avec des festons de marbre noir et blanc ; la voûte, à caissons, est peinte. Dans la sacristie se trouvent d'élégantes marqueteries.

De l'église nous sortons dans le cloître, vaste galerie carrée, encadrant de soixante colonnes de marbre blanc, pur comme la neige, deux parterres de fleurs, fermés eux-mêmes par une balustrade de marbre, séparés et entourés par une allée.

De fraîches roses thé, toutes dorées, reposent et croissent dans ces berceaux de marbre aux couleurs de l'innocence, sous les caresses du soleil. Une fontaine, surmontée d'un petit dôme porté par trois piliers, s'élève au milieu de la cour. A *San-Martino* le marbre brille partout ; il est à son apothéose. Un des angles du cloître se prolonge par un corridor, à l'extrémité duquel s'ouvre une fenêtre sur un balcon circulaire; c'est ce qu'on appelle le Belvédère. Le panorama est magnifique.

A nos pieds, nous avons Naples. La ville nous paraît plate, de la hauteur d'où nous la dominons : un plan immense de maisons, coupé par des vides longs et étroits ou courts et larges qui accusent les rues et les places. Les rues sont à l'infini, toutes parallèles dans la la direction de la mer et séparées seulement par une ligne de maisons simples. La plupart de ces maisons, qui se font suite en allant de la montagne au golfe, sont bordées par une rue de chaque côté. Naples est très percée, mais ses voies sont étroites. Les rues perpendiculaires aux premières sont nombreuses aussi, mais moins symétriques, plus irrégulières et tortueuses. La variété de forme, de couleur et de couverture des bâtiments offre un spectacle original. Il y a des toits plats et inclinés, des dômes et des tours. L'ardoise, la pierre, la tuile, le zinc; le violet, le gris, le rouge s'étalent ensemble. Une rumeur confuse et ininterrompue, comme un bourdonnement d'abeilles, s'élève de la ville. Sur les places, assez spacieuses pour que les maisons nous les découvrent, nous voyons les passants circuler, de la grosseur de petits insectes, sans pouvoir saisir le mouvement de leurs jambes. Plus loin, le golfe; par derrière, la campagne avec ses petits mamelons, ses vignes, ses oliviers, et le Vésuve fumant. C'est de ce Belvédère qu'on a le plus beau point de vue de Naples.

Au retour, nous nous rendons par une belle avenue de platanes au *Campo-Santo*, étagé en en terrasses sur une colline. Le tombes sont ornées de chapelles ou de monuments et de statues symboliques. Nous contemplons un groupe de marbre représentant le pèlerinage d'une famille à la tombe du père.

La mère est inclinée sur le seuil du caveau, profondément désolée, abattue, anéantie sous le poids de son chagrin et de la responsabilité qui l'accable. D'une main, elle soutient sa tête prête à tomber en même temps qu'elle voile ses yeux gonflés par les larmes; de l'autre, elle conduit une petite fille à qui elle communique sa douleur; celle-ci sanglote. A côté, un enfant saisi par le froid du tombeau et les larmes de sa mère. Il ne comprend pas encore ; mais son imagination et son cœur, qui commencent à s'ouvrir, devinent quelque malheur : il ouvre de grands yeux prêts à se mouiller. L'étonnement est souvent voisin de la peine. Son frère, un peu plus âgé, l'accompagne : le pli accentué sur le front indique la réflexion plus solide, plus grave, dans un esprit mieux formé. Il est plus près de la souffrance. C'est l'empreinte de l'épreuve sur les différents âges.

Une nuit à Naples.

C'était une de ces nuits idéales chantées par les poètes ; une nuit lumineuse, mais d'une clarté argentée, distillée par la lune et très différente de la lumière dorée du soleil. Le firmament avait revêtu son voile bleu foncé, parsemé d'étoiles, que la mer reproduisait fidèlement. Jamais sympathie et communication plus intimes entre le ciel et l'eau. L'air était pur et parfumé, la mer dormait, les vagues se taisaient. Seule, une brise légère faisait parfois frissonner l'onde pour ranimer cette nature endormie. La lune se découvre, large, ronde, pâle, solennelle. Son regard émaille l'eau de mille perles étincelantes, dans le petit coin où il tombe, tout près du rivage. On dirait une pluie de gouttes d'argent très fines. En face, le Vésuve, plus imposant que de coutume, veille et éclaire ce spectacle de la lave en feu qui dévore ses flancs; tandis que la fumée qui fuit au ciel simule les nuages absents.

Sur le quai, devant les hôtels aux balcons noirs de monde, au milieu des promeneurs recueillis et charmés, soupiraient en chœur ou successivement la mandoline, la guitare, le violon : dernier coup d'aile pour favoriser l'essor de l'imagination au pays des rêves. Délicieusement impressionnés, nous regardions défiler la colonie étrangère, insouciante, le sourire aux lèvres, heureuse de vivre à cette heure ineffable, légère de tout souci, très variée de types, de costumes, d'habitudes, de langage.

Cependant un couple frappait mes yeux et excitait mon attention. Plusieurs fois déjà dans la soirée, nous nous étions croisés. Étaient-ce deux jeunes mariés, deux fiancés, le frère et la sœur, ou seulement deux amis? Je ne le dirai pas. Toujours est-il qu'indifférents à tout ce qui les entourait, ils semblaient boire à longue haleine à la coupe d'ivresse que leur présentait la nature. Ils aspiraient avec effusion cette tendresse dont l'atmosphère était pleine. Une jeune femme ou une jeune fille, dans la grâce séduisante de ses vingt ans, grande, svelte, élancée, vêtue de noir, balançant avec souplesse son corps à la cadence du pas, s'appuyait nonchalamment au bras d'un jeune homme qui accusait à peu près le même âge et dont la taille dépassait celle de sa compagne, juste de la hauteur requise pour l'harmonie du couple. Il semblait fort distingué, sa tenue et sa physionomie révélaient une grande fierté.

Leurs yeux se rencontraient avec une expression de douceur indicible, baignée parfois de mélancolie ; — leurs têtes se penchaient souvent comme pour se rapprocher ; — je ne pouvais distinguer les paroles, mais le son de leur voix arrivait à mes oreilles, semblable à l'écho lointain, imperceptible, d'une mélodie. Leur démarche était calme et lente. Ils s'arrêtaient souvent pour contempler le mystère de la nuit qui se déroulait sur le golfe et lui emprunter l'inspiration et l'émotion qui resserraient davantage leur intimité.

Peu à peu la foule des touristes s'éclaircit. Onze heures avaient sonné quand je me suis retiré à l'hôtel. Mon dernier regard au dehors a été pour ceux que j'observais. Leurs profils se découpaient au clair de lune sur le rivage, comme deux ombres fuyantes. Je ne les revis plus. Qui étaient-ils? je ne le sus jamais. Du moins, je vis une fois sur la terre deux heureux. Puissent-ils l'être toujours!

Adieu à Naples.

Je retourne sur les coteaux captivants du Pausilippe. Je veux contempler une dernière fois, du haut de ces rochers fleuris, le golfe grandiose, l'onde si bleue enchaînée sous le regard furieux du Vésuve.

De quel crime êtes-vous donc coupable? Quelle illustre vie, mer de Naples, avez-vous engloutie? Est-ce que vous auriez insulté quelque génie, pour être confiée à un si terrible gardien? Ou bien son œuvre accomplie, le Créateur, touché de vos charmes, a-t-il suscité ce symbole de Lucifer pour rendre plus sensibles encore par le contraste la douceur de votre teinte, la mollesse de vos mouvements, la langueur de vos soupirs, la fraîcheur de votre souffle? A-t-il voulu donner aux fortunés mortels qui habitent ces rivages le spectacle toujours présent de l'amour et de la haine, du ciel et de l'enfer?

Sans se lasser, mes yeux vont de Sorrente à Misène et de Misène à Sorrente; à chaque tour une surprise, une nouvelle poésie, une autre lumière.

C'est l'heure du couchant, l'heure mystérieuse où les rayons du soleil s'éteignent et les impressions se replient, une à une, dans le cœur. L'ombre monte sur la colline, comme un voile qui se drape irrégulièrement. Parmi les fleurs, les unes brillent d'un éclat très vif, prolongeant leur sourire d'adieu, les autres se referment dans la nuit et s'endorment sur leur tige. Le bateau de Capri apparait de profil, il suit une ligne oblique dans le golfe. Des barques de promenade rentrent à regret au port.

En quelques minutes je revis par la pensée, dans ce cadre ravissant, la semaine si pleine, si gaie, si intéressante, vécue à Naples. Nous avons vu toutes les curiosités sous leur forme la plus belle et la plus saisissante : le Vésuve en éruption, Capri et la Grotte d'Azur sous le soleil, le peuple italien en révolte, le miracle de saint Janvier.

Naples! c'est à vous que vont mes préférences; c'est vous qui composez le plus agréable souvenir de mon voyage! Vous avez été pour moi la source d'impressions toutes nouvelles!

Les Bords de l'Adriatique. Lorette, 7-8-9 mai.

A cinq heures du matin, nous montons en wagon. Nous ne devions pas descendre avant dix heures du soir. Le désordre qui régnait dans les petites localités de notre itinéraire ne nous permettait pas prudemment d'y faire halte : quelques-unes d'ailleurs, en état de siège, restaient fermées aux étrangers. Les gares étaient occupées militairement. Plusieurs fois notre train s'arrêta pour laisser la voie libre à des trains spéciaux qui conduisaient des régiments entiers dans les pays les plus troublés.

Nous changeons la direction que nous avions suivie jusqu'à présent : du Nord au Midi. Entre Naples et Foggia, qui se trouve à peu près sur le même plan du côté opposé, tout près de l'Adriatique, nous traversons la presqu'île dans sa largeur, en suivant les vallées fertiles et bien cultivées de la Campanie. A Foggia, nous remontons vers le Nord par la ligne de Brindisi à Ancône. Le chemin de fer atteint bientôt les rives de l'Adriatique qu'il ne quitte plus. La voie est tout au bord de la mer, posée sur le sable, à quelques centimètres d'élévation ; les vagues viennent lécher les parois de la jetée. Les eaux de l'Adriatique sont vert émeraude. La mer est parsemée de barques de pêcheurs, typiques avec leurs hautes et amples voiles rouges, de la teinte de la rouille. De l'autre côté, une série d'ondulations et des villages misérables.

Le vent s'élève vers les cinq heures du soir. La mer, jusque-là claire et très calme, se fonce, s'agite, se tord, écume, secoue durement les bateaux qu'elle porte et devient laiteuse. En face, planent sur les collines des nuages sombres, que le soleil colore par instant en violet lorsqu'il veut les percer. Avec cela, la nuit approche. L'orage éclate, et dans les ténèbres profondes, on ne distingue plus que la lueur des éclairs et l'écume blanche de la mer qui mugit. Arrivés à Lorette, nous lisons avec peine l'enseigne de la gare; la cour est un véritable lac, nous sautons de flaque d'eau en flaque d'eau jusqu'à une calèche qui nous conduit en une demi-heure à la ville. Les éclairs traversent à tout instant la voiture, reliant les deux glaces par un trait de feu éclatant, rapide, insaisissable. Les coups de tonnerre font trembler les vitres et tressaillir les chevaux.

Un grand vent a balayé les nuages, et le lendemain, le ciel, honteux d'avoir été ainsi souillé, prend sa revanche en se montrant plus bleu que jamais.

Lorette est une petite ville privilégiée de la marche d'Ancône, assise sur une colline dont le pied est baigné par l'Adriatique, et dominée par les crêtes blanches des Apennins. Sa réputation universelle lui vient de la faveur insigne dont elle a été l'objet de la part de Dieu.

Nous ne connaissons pas les motifs des prédilections divines, et il serait superflu de les chercher ; mais ce qu'il y a de certain, c'est que Dieu a des préférences dans la nature comme dans le monde, parmi les sites comme parmi les âmes. Le culte rendu dans certains lieux, comme le culte rendu par certaines personnes, Lui est particulièrement agréable. Peut-être des prières, des austérités, des sacrifices offerts par quelques âmes d'élite dans ces lieux devenus de nouveaux calvaires sont-ils pour eux la cause des préférences divines ? Peu importe ; mais ces préférences sont suffisamment justifiées par les grâces, les miracles, les conversions et les guérisons qui s'y obtiennent.

Dieu a montré clairement qu'Il voulait être adoré et prié d'une façon très spéciale à Lorette par la translation miraculeuse sur son sol de la maison de la sainte Vierge. La sainte maison a fait trois étapes avant de s'arrêter définitivement à la place qui lui était destinée par Dieu.

Au soir du 10 mai 1291, des bûcherons qui coupaient du bois sur la colline du Tersatto, au-dessus de Fiume, en Illyrie, furent très surpris, en arrivant pour leur travail, de trouver dans la forêt une petite construction en briques, allongée, à un seul étage, décorée de peintures religieuses à peu près effacées. Il n'y avait jamais eu à cet endroit ni maison ni cabane. La rumeur de ce prodige se répandit dans tout le pays et les visiteurs affluèrent. En même temps, on apprenait par des captifs échappés de Galilée la disparition à Nazareth de la maison de la sainte Vierge, détachée des fondations. Le curé de Tersatto, dom Alexandre de Giorgio, cloué sur son lit par la maladie, eut une vision qui lui révéla l'identité de la maison et à la suite de laquelle il fut guéri. Le comte Frangipani, qui habitait tout près de là, envoya des délégués à Nazareth, chargés de confronter les dimensions de la maison miraculeuse avec celles des fondations découvertes ; leur enquête témoigna de la conformité des dimensions et de la similitude des briques.

Trois ans plus tard, le 12 décembre 1294, par une belle nuit d'hiver, des bergers qui gardaient leurs troupeaux virent une lumière éblouissante glisser dans les airs au-dessus de la mer. Le lendemain, les mêmes bergers constataient dans les bois d'une veuve Laurette, tout près de la ville de Recanati, la présence d'une maison inconnue et nouvelle, qui n'était autre que la sainte maison transportée de Tersatto à Recanati par les anges.

De nombreux pèlerinages s'organisèrent. Des bandits se répandirent dans les bois pour piller les pèlerins à la faveur des ténèbres. La maison resta là pendant huit mois, puis s'éleva au-dessus d'une colline, à un kilomètre et demi de sa situation première, sur la propriété des frères Antici. Exposée au grand jour, elle mettait ses dévots à l'abri des embûches qui leur étaient tendues dans les bois. Survint une autre complication : les deux frères qui possédaient en commun le terrain privilégié se prirent bientôt de querelle, excités par l'appât de la gloire et du gain au sujet de sa possession.

Quatre mois après, en décembre 1295, la sainte maison se déplaça de nouveau et s'arrêta sur la route de Recanati, propriété de la ville, passage public. C'est là qu'elle s'est fixée. Dieu la préserve avec un soin jaloux. Elle a résisté aux guerres, aux révolutions, aux assauts des pirates et des Mahométans, aux attaques plus pacifiques des architectes ou des pieux visiteurs. Tous ceux qui ont touché à la sainte maison ont été châtiés immédiatement, expiant par un accident, une maladie, une angoisse terrible, leur témérité sacrilège.

Phénomène merveilleux : la maison se tient depuis six cents ans à la même place, simplement posée par terre, sans s'appuyer sur aucune fondation ; bien plus, elle repose sur un terrain inégal, et on voit le jour en plusieurs endroits entre le mur et le sol, au témoignage des ouvriers qui ont travaillé au pavement. Autre miracle : la maison a été entourée primitivement d'une enveloppe de briques, appliquée contre elle, adhérente aux murs. Les murs se sont écartés d'eux-mêmes de ce manteau étranger et profane. Quand on le détruisit pour le remplacer par le revêtement de marbre actuel, on constata entre eux un espace de cent douze millimètres qu'on a respecté scrupuleusement dans la nouvelle construction.

L'identité de la sainte maison de Lorette avec la maison de la sainte Vierge à Nazareth s'appuie sur quatre points essentiels : mêmes dimensions que celles des fondations restées à Nazareth ; même forme et même nature des matériaux composés de carbonate de chaux, de magnésie et d'argile ferrugineux; même mortier, fait de sulfate de chaux et de charbon de bois ; même bois de cèdre, arbre d'Orient. Toutes ces preuves et tous ces faits ont été affirmés par le témoignage certain et écrit des Souverains Pontifes et des hommes les plus dignes de foi de l'époque.

Les papes Paul II et Paul III firent construire de 1468 à 1538 la grande basilique qui renferme la sainte maison. Cette basilique a la forme d'une croix. Selon la mode des églises italiennes, elle est surmontée d'une coupole qui abrite comme un dais la relique précieuse : ici la sainte maison ; à Rome les coupoles de Saint-Pierre et de Saint-Paul couvrent les restes des grands apôtres. L'intérieur du dôme est décoré de fresques, en mauvais état, dont les sujets ont été inspirés par les litanies de la sainte Vierge. Les trois portes d'entrée sont en bronze ; elles ont coûté plus de deux cent mille francs. Douze chapelles latérales, ornées de mosaïques, font une avenue d'honneur à la sainte maison; derrière elle, se déploient en éventail huit chapelles, dont plusieurs sont érigées au nom des nations catholiques qu'elles représentent au sanctuaire de Marie. Sur la gauche, celle de la France, dédiée à saint Louis, la plus vaste et la plus richement meublée, si l'on en juge par ce qui est déjà fait. Les ornements rappellent les hauts faits de la vie du roi.

La *santa casa* est donc placée à l'intérieur de la basilique, sous la coupole, sur le plan de la croix, au niveau des bras et un peu à gauche. Ce n'est pas une chapelle latérale. Elle se trouve dans la nef, isolée, sans être liée au corps de l'église ; on circule tout autour.

Elle est oblongue ; ses dimensions intérieures sont : neuf mètres cinquante-deux centimètres de long, sur quatre mètres dix centimètres de large et quatre mètres trente centimètres de haut.

Les murs sont construits en petites briques grises, ou plutôt noires, étroites et allongées, superposées symétriquement. Une de ces briques, un peu saillante, est scellée avec une barre de fer. Elle avait été enlevée par Jean Suarez, évêque de Coïmbre, en 1562, pour être vénérée dans une chapelle de son diocèse, construite sur le modèle de la sainte maison.

Celui-ci fut atteint d'une maladie mystérieuse qui ne prit fin que lorsqu'il eut renvoyé la pierre à Lorette. A côté, un boulet de canon suspendu, offert au sanctuaire, en témoignage de reconnaissance, par le pape Jules II qui l'a évité miraculeusement au siège de la Mirandole.

Cinquante-deux lampes en argent brûlent nuit et jour dans la sainte maison. Trois portes y donnent accès : une à gauche et deux à droite. Ces portes ne sont pas les portes authentiques, elles ont été percées postérieurement. L'ancienne porte, murée aujourd'hui, se trouvait à gauche près de l'autel; elle s'ouvrait à Nazareth sur une grotte qui formait la seconde pièce de l'habitation, selon l'usage oriental. A l'extrémité de la chambre, devant la cheminée, se dresse l'autel. Cet autel en marbre enchâsse l'autel primitif en bois consacré par saint Pierre. Au-dessus, une statue en cèdre de la sainte Vierge, attribuée à saint Luc, très noire, de quatre-vingt-treize centimètres de haut, disparaissant sous les diamants les plus précieux, les pierreries les plus rares, les étoffes les plus riches.

> Les souverains comme les Mages.
> Viennent t'y rendre leurs hommages.
> Partout l'or, la myrrhe et l'encens.
>
> (Le Tasse.)

De chaque côté, les bustes en argent de sainte Anne et de saint Joachim. Vis-à-vis l'autel, à l'extrémité opposée, une fenêtre grillée qui éclairait la pièce et par où, dit-on, l'archange Gabriel aurait apparu à Marie.

La sainte maison est enfermée, comme dans un étui, dans une gaine, à l'intérieur d'un rectangle en marbre de mêmes dimensions, à panneaux merveilleusement sculptés par Sansovino et Lombardi d'après les plans de Bramante. En bas, les dix prophètes; en haut, les dix sibylles qui ont prédit le grand Mystère : trois sur chaque face longitudinale, deux sur chacune des deux autres faces. Entre ces statues, « la Naissance de Marie, son Mariage, l'Annonciation, la Visitation, la Nativité de Jésus-Christ, la Mort de la sainte Vierge ». Ces scènes en relief sont d'une finesse de ciseau remarquable; beaucoup d'élégance et d'expression dans les figures, de naturel et de grâce dans les détails. L'attitude de la Vierge en présence de l'ange est un modèle de simplicité. Quelle dignité dans la tenue des Rois Mages devant l'Enfant Jésus ! Ajoutez à cela des piliers corinthiens, des chapiteaux à feuilles d'acanthe, des frontons découpés, des guirlandes à jour. Un escalier de deux marches fait le tour de la sainte maison : c'est là que stationne le cortège des suppliants. Un sillon creusé au milieu du marbre tout le long marque l'empreinte de leurs genoux.

Deux fois, mon compagnon célèbre la sainte Messe dans le glorieux sanctuaire. Je la lui sers. Une assistance nombreuse, brûlant de la foi la plus vive, très démonstrative à l'égard de la Mère de Dieu, se presse jusque sur les marches de l'autel. Tous les yeux sont attachés, avec des expressions différentes, sur la statue de bois noir. De ceux-ci jaillit l'éclair de la confiance, ceux-là regardent fixes et immobiles, quelques-uns sont baignés de larmes, dans d'autres passe un rayon de reconnaissance qui les amollit. Tous les cœurs battent à l'unisson ; qu'ils soient mûs par la joie ou la peine, l'espérance ou la crainte, l'amour de la sainte Vierge les remplit.

> Foule grossissante qui prie
> Devant ton autel, ô Marie !
> Chacun t'accable de présents :
> Les pauvres t'offrent leurs souffrances,
> Les affligés leurs espérances,
> Les poètes leurs plus beaux chants.
>
> (Le Tasse.)

Une profonde émotion pénètre le cœur en songeant que c'est là, à cette même place, entre ces quatre murs, qu'a été accompli, il y aura bientôt dix-neuf cents ans, le mystère le plus profond et le plus insondable : la Conception de Dieu. Cet espace que nous occupons a été occupé par la plus sainte femme du monde, l'Immaculée. Il a été sanctifié par sa présence; il fut le témoin et la scène de ses prières, de ses sacrifices, de ses larmes. Les mains délicates de Marie ont touché ces mêmes murs que nous touchons. Cette fenêtre devant laquelle mes yeux sont irrésistiblement attirés, comme s'ils cherchaient encore l'archange Gabriel, est la même qui éclairait le modeste travail de la Vierge. C'est là qu'a été acepté et prononcé ce *Fiat* décisif qui a transformé notre malédiction en une bénédiction. Recueillons-nous et prions. Jésus enfant habita ces lieux. On nous montre une écuelle en terre dans laquelle il a pris son frugal repas, entourée d'or par Philippe VII d'Espagne. Nous y déposons nos objets de piété. La famille la plus unie et la plus paisible qui se soit jamais rencontrée ici-bas a vécu dans cette maison.

> Tremblant, je m'incline et je pleure,
> Devant cette pauvre demeure
> Où le grand miracle éclata,
> Où l'ange apparut à Marie,
> Où le Sauveur cacha sa vie
> Jusqu'au grand jour du Golgotha !
>
> (LE TASSE : *En l'honneur de la Vierge de Lorette*,
> traduit par M. Edm. Lafont.)

Avant nous de grands saints, d'illustres personnages se sont prosternés à cette place bénie. Notre antique et auguste roi saint Louis y a prié. Louis XIII et Louis XIV ont doté Notre-Dame de Lorette de joyaux précieux qu'on nous montre dans la salle du trésor, où sont exposées toutes ces richesses.

L'après-midi, une procession en l'honneur de saint Vincent Ferrier fait le tour de la ville. En tête, les Confréries, les pénitents vêtus de longues robes vertes, rouges, bleues suivant l'association, flottantes, sales, aux couleurs passées ; puis le clergé, suivi du Saint Sacrement. Par-derrière, la population de Lorette, pêle-mêle, débandée, sans tenue, avec un bariolage de costumes extraordinaire. Cette cérémonie, dans sa naïveté primitive, rappelait un peu celles du moyen âge. Les foulards de toute nuance qui couvrent la tête des femmes composent une mosaïque des plus bizarres.

Lorette est fortifiée. Des remparts du Nord, nous contemplons la plaine de *Castelfidardo* à laquelle son immense nudité donne un aspect désolé : pas un arbre, pas une fleur, pas un feuillage. Nous envoyons l'hommage de notre admiration aux braves qui ont versé leur sang, il y a trente-huit ans, pour la plus noble cause, en même temps que ces paroles tombées des lèvres de Monseigneur Dupanloup à la même place nous reviennent à la mémoire :

« Sanctuaire de Lorette, ils te voyaient donc en combattant! Tu leur apparaissais comme l'asile ouvert à leurs âmes, et leurs regards mourants se tournaient vers toi avec consolation et espérance. »

De bonne heure, nous faisons nos dévotions le lendemain. Nous allions sortir de la basilique quand nous entendons au dehors un bourdonnement confus, un concert de voix qui s'élevaient et s'abaissaient toutes ensemble. Les portes s'ouvrent brusquement.

Deux à deux, égrenant leur chapelet au bout des doigts, les yeux baissés, les muscles contractés, à genoux, portant comme automatiquement le genou droit devant le genou gauche, puis le genou gauche devant le genou droit, avançant ainsi lentement, mais sûrement, sans interrompre leurs prières, une soixantaine de pèlerins napolitains, hommes et femmes, venaient visiter Notre-Dame de Lorette. Ils suivirent toute la nef centrale jusqu'à la sainte maison, trop émus pour remarquer l'édification qu'ils procuraient à ceux qui les contemplaient. Un prêtre en surplis les conduisait. Quelle simplicité touchante, quelle confiance ardente chez ces pauvres gens! Misérablement vêtus, ils appartenaient à la classe pauvre. De tels actes de foi sont d'un grand exemple et d'une éloquence très persuasive pour qui en a été témoin. Quel sourire de complaisance et de bénédiction la sainte Vierge devait jeter sur eux à ce moment, du haut du Ciel! Je les aurais choisis volontiers comme interprètes auprès d'elle.

De Lorette à Venise. Ancône. Bologne, 9-10 mai.

Nous traversons en chemin de fer cette vaste plaine de *Castelfidardo,* lumineuse, comme par ironie, sous un soleil brûlant. Voilà Ancône.

Très bizarre, la position d'Ancône : une ville bâtie entre deux collines, le mont Astagno et le mont Guasco, à l'assaut desquels elle semble monter. Le drapeau de la victoire est figuré par la cathédrale, plantée tout au sommet du mont Guasco. Les maisons, image des soldats, grimpent sur la colline en rangs serrés, et descendent à la dérive le long des rues tortueuses.

Le chemin de fer rejoint la mer et la suit fidèlement jusqu'à Rimini, enjambant à leur embouchure les mille rivières qu'elle absorbe.

Quand nous franchissons le Rubicon, mon ami, dont la mémoire est ornée de spirituels souvenirs, me redit cette parole de César traversant le même torrent pour aller à la rencontre de Pompée : « *Alea jacta est.* »

— Sinigaglia, gracieuse station de bains de mer, très fière d'avoir vu naître Pie IX. — Urbin, patrie de Raphaël, le modèle des cours au XVe siècle. — Saint-Marin, la plus petite République du monde (8,000 habitants). — Faenza, où a été inventée la faïence. — Rimini. La voie oblique vers le Nord-Ouest jusqu'à Bologne. La campagne est luxuriante dans ces régions. Les vignes enroulées autour des arbres sont très vigoureuses : tantôt elles forment de jolis arceaux, tantôt des charmilles touffues.

Un propriétaire du pays, avec qui nous partageons un immense wagon à seize places, véritable salon, nous vante ses vignes de *Castel San-Pietro,* renommées dans le monde entier... d'après lui. Avec un tact que nous savons apprécier, il chante les louanges de la France, de Paris, où il fait un séjour tous les ans. Enfin, avec cette expansion qui caractérise les Méridionaux, il nous conte l'histoire de sa vie : célibataire, on est libre, il se trouve beaucoup plus heureux que ses frères mariés ;

grand voyageur devant l'Éternel, c'est un moyen de se distraire et de chasser les préoccupations. On presse la vigne et, quand elle a rendu, on part avec l'argent. J'ai essayé de le faire parler sur les lois du pays afin de m'instruire, mais il n'avait pas l'esprit tourné de ce côté-là. Tout ce que j'en ai tiré, c'est que les propriétaires payaient beaucoup trop d'impôts et que le fisc les étouffait. Il reprit le récit de ses voyages en Suisse, en Allemagne, et en Russie, où la douane est si rigide qu'elle lui avait confisqué des romans italiens. Quel original! Point sot et philosophe pratique avant tout. Je le vois encore, avec ses lunettes noires sur les yeux, son ombrelle passée sous un bras puis sous l'autre, se démenant comme un diable dans ce wagon pour nous expliquer les choses les plus simples. Il a tenu toutes les places les unes après les autres. Par bonheur, le compartiment était vaste.

Ce qui distingue Bologne, ce sont ses arcades. Toutes les rues, grandes et petites, droites et tordues, courent entre une double haie de portiques sous lesquels s'alignent des magasins, des restaurants, des cafés, les portes des maisons. Au centre de la ville deux places se rencontrent à angle droit : la place Victor-Emmanuel et la place Neptune. On y remarque le palais municipal et le palais du Podestat, belles constructions du XIIIe siècle, et l'église *San-Petronio*, édifice gothique annonçant de gigantesques proportions, mais inachevé. Devant l'église, s'élèvent sur des colonnes deux superbes sarcophages.

Les tours penchées de Bologne, du XIIe siècle, portent le nom de leurs architectes : *Asinelli* et *Garisendi*. La première, haute de quatre-vingt-dix-sept mètres soixante centimètres, est inclinée d'un mètre vingt centimètres ; la seconde n'a que quarante-neuf mètres soixante centimètres, mais elle incline de trois mètres vingt centimètres. Ces tours ne ressemblent en rien à celle de Pise ; dépourvues de tout ornement, elles n'ont d'autre cachet que leur inclinaison.

Je ne connais pas d'église plus extraordinaire que *San-Stefano*. Elle forme une figure qui n'a aucun nom en géométrie ; sa ligne de démarcation est toute brisée. Bâtie sur l'emplacement d'un ancien temple d'Isis, elle se compose de sept constructions distinctes qui communiquent entre elles : deux cloîtres et cinq églises, ou plutôt cinq chapelles rondes, carrées, rectangulaires, voûtées, à plafond, à coupole, les unes ouvertes sur la rue, les autres se commandant. La plus curieuse de ces églises est celle du Saint-Sépulcre, une rotonde avec d'épaisses colonnes en pierre du Ier siècle : au centre, l'autel ; en avant, le tombeau de saint Pétrone, sur le modèle du Saint-Sépulcre de Jérusalem.

Après les églises, les musées. « Sainte Cécile » de Raphaël est exposée à l'Académie des Beaux-Arts ; on ne peut en détacher les yeux liés par ses charmes.

Finesse et régularité des traits, beauté de la figure, grâce dans le port de la tête légèrement penchée, souplesse de la taille ; inspiration céleste, émotion suave, douceur animée du regard, ondulation dans les mouvements : je ne saurais dire ce qui m'a le plus ravi chez sainte Cécile. Le ton des couleurs, plein, net, tranché, accentué sans être dur, velouté, caresse l'œil. Le petit saint Jean est un amour. Que de paix et d'ingénuité ! Quelle sensibilité exquise dans le sourire dont il accompagne les accents mourants de la mélodie! Saint Paul, tête basse, le sourcil froncé, est absorbé. De l'illusion de l'harmónie, il dégage l'idée cachée, le principe. Les autres rêvent, lui réfléchit. Chez Cécile, chez Jean, c'est l'imagination qui s'illumine, la sensibilité qui vibre; chez Paul, l'intelligence seule travaille : contraste qui nous présente tous les jours des exemples dans le monde. Ce qui distrait les uns fait méditer les autres; où les premiers s'amusent, se délectent, les autres pensent et raisonnent. Ceux-là sont tout à la forme séduisante, à la poésie, à l'harmonie; c'est leur but, leur fin. Pour ceux-ci, ce n'est qu'un moyen : ils les percent pour chercher le fond, la philosophie. Quant à sainte Madeleine, elle jouit, dans toute l'acception du mot; ses sens sont charmés.

Après avoir visité Bologne, nous parcourons l'Émilie et la Vénitie. — Ferrare est encore remplie des souvenirs de la maison d'Este et parle toujours de l'Arioste. — Rovigo nous rappelle les guerres de l'Empire et Savary; Padoue saint Antoine et son culte. Nous dépassons le Pô et l'Adige et nous arrivons à l'extrémité de la terre ferme. Un pont de trois mille six cent un mètres, soutenu par deux cent vingt-deux arches, la relie à Venise. Le train s'y engage.

Nous voyageons en société d'un archevêque irlandais escorté de son secrétaire. L'archevêque, en clergyman, porte une longue redingote avec un chapeau mou en feutre noir. Sa dignité se reconnaît à sa cravate violette, à la chaîne d'argent à laquelle est suspendue la croix pastorale, et à l'améthyste qui brille à son doigt. Son compagnon est habillé avec plus de fantaisie : le col, les manches et le plastron découvrent une chemise bleu clair sous la redingote noire. Il s'enveloppe dans un long cache-poussière gris fer. Sa tête est couverte d'une casquette écossaise. N'ayant pas grand'-chose pour m'occuper à ce moment-là, je détaille son costume en comparant, sans me formaliser le moins du monde, — j'ai une profonde horreur des idées étroites, — la différence des mœurs et des préjugés suivant les pays.

VENISE

Du 10 au 15 mai

VENISE

L'Arrivée. Les Gondoles.

Spectacle original et imprévu que l'arrivée à Venise[1]! Comme gare extérieure, un large quai où se pressent les voyageurs, les commissionnaires et les portiers d'hôtel; plus loin, un canal jonché de petits bateaux qui accostent,

---

[1]. La fondation de Venise remonte au IX⁰ siècle de l'ère chrétienne. Sa flotte y rapporta en 828 le corps de saint Marc l'évangéliste. Le lion fit dès lors partie des armes de la ville et saint Marc fut désigné pour son patron. Venise, devenue une puissance, lutta de pair avec les autres puissances d'Italie, et resta pendant longtemps la rivale de Gênes. Elle conquit successivement Candie, Constantinople, sous le doge Henri Dandolo, Chypre et un grand nombre d'îles de l'Archipel. Une aristocratie héréditaire, formée par les conquérants, accapara le pouvoir. La conduite des affaires était confiée au Doge et au Conseil des Dix. Au XV⁰ siècle, Venise devint le centre du commerce de l'univers. Ses pires ennemis furent les Turcs qui la dépouillèrent. Napoléon l'envahit en 1797 et y laissa une garnison. L'Autriche la reçut en partage au traité de Campo-Formio. Rendue à l'Italie, elle retomba sous la domination de l'Autriche, après la chute de Napoléon, et fut incorporée au royaume d'Italie, en 1866. Le Titien et Sansovino l'ont illustrée.

se heurtant et se repoussant, au milieu des cris des rameurs.

Je m'engage d'un signe de tête avec un batelier que je distingue dans cet encombrement et qui fait de vains efforts pour approcher. Son canot est renvoyé en arrière ou rejeté de côté, à mesure qu'il avance. A son tour, il en écarte d'autres trop pressés, et finit par arriver jusqu'à nous. Nous admirons la grâce de ces charmantes embarcations, aussi coquettes que leur nom, qui s'appellent gondoles.

Les gondoles ont la forme d'un croissant, dont le dos repose sur l'eau et les deux pointes montent vers le ciel. Leur longueur varie de quatre à cinq mètres. Au milieu, une cavité elliptique. Sur les rebords, des coussins de toile cirée pour asseoir les passagers : deux seulement dans le sens de la largeur sur les petites barques, six, ou deux de chaque côté en plus, sur les grandes. Par le froid ou le mauvais temps, on adapte au-dessus des banquettes et de la cavité une cabine en bois noir sculpté, percée d'une fenêtre à droite et à gauche et d'une porte en avant. Cette cabine est elle-même recouverte d'un drap noir, orné de boules, de pompons et de houppes de même couleur qui leur donnent un aspect de deuil. Toutes les gondoles sont peintes en noir par ordre de police. Le bois est travaillé : on y voit des guirlandes, le lion de saint Marc, la Madone avec l'Enfant Jésus. La poupe se termine par une pointe en acier très effilée, la proue est surmontée d'une lame de fer, espèce de hallebarde, à plusieurs dents.

Le gondolier, vêtu d'un jersey avec un ample col qui flotte sur les épaules, coiffé d'un béret ou d'un chapeau de toile cirée, se tient à l'arrière. Courbé sur sa rame, il balaye l'eau ou frappe les murs pour orienter la barque par équilibre. Dans les grandes gondoles il y a deux rameurs : l'un en tête, l'autre en queue, manœuvrant du côté opposé.

Nous voilà partis. D'abord un large canal, bordé de beaux monuments tout en marbre « qui s'élèvent du sein des vagues comme par la baguette d'un enchanteur » (Lord Byron).

Bientôt nous entrons dans un canal latéral, étroit, sombre, sinueux, endigué entre de hautes maisons dont plusieurs dénotent une antiquité respectable.

Les gondoles se croisent avec peine ; malgré les précautions des bateliers, leurs avertissements très doux à chaque tournant, le bois grince contre le bois. A un coude, nous apercevons la proue d'une gondole qui s'engage dans le défilé ; le rameur appelle, on lui répond, la barque prend le détour, la nôtre s'arrête : ce sont des surprises perpétuelles. La conduite de ces bateaux demande une main expérimentée, beaucoup d'adresse et d'attention. Par exemple on se laisse emporter avec un bien-être ineffable. Point de trépidation ! Le canot glisse insensiblement. Seule, l'eau clapote à chaque coup de rame, et gémit sous la blessure que lui fait la quille.

Après une demi-heure de cette traversée nouvelle et délicieuse, la gondole s'arrête, vire et approche du perron de l'hôtel, dont la moitié des marches disparaissent sous l'eau, tandis que l'autre moitié surnage.

La Ville. Impressions de jour et de nuit.

Venise, élégamment nommée par un poète américain « la fiancée des mers, » est une ville faite de quinze mille maisons, toutes bâties sur pilotis. Les pilotis sont des pieux en fer qui plongent jusqu'au fond de la mer; leur juxtaposition constitue le support des maisons. Celles-ci sont isolées ou réunies, et forment ainsi des îles séparées par des canaux et reliées par des ponts. A ces ponts aboutissent des ruelles, « des *calli* ». Très curieuses et très accidentées, les ruelles de Venise: des espèces de trottoirs, posés sur pilotis, courant le long des bâtiments. Elles traversent un hôtel, côtoient un palais, enjambent un canal et viennent mourir sur un semblant de place. Les véritables rues de Venise sont les canaux; le plus sûr pour les étrangers, s'ils ne veulent pas s'égarer, est de les suivre en gondole.

Une grande artère partage la ville, c'est le Grand Canal ou canal central. Son cours dessine un « S ». Il s'étend de la gare au quai des Esclavons, et mesure trente kilomètres de long sur trente à soixante mètres de large. Un réseau de petits canaux, « des *rii* », emmêlés comme les mailles d'un filet, fendent la ville. Tous les transports se font en bateau. De simples barques, toutes nues, apportent le matin les provisions au marché. Les visites se rendent en gondole ; il y a les gondoles particulières et les gondoles publiques, comme il y a chez nous les voitures de maître et les voitures de place.

Du côté de la pleine mer, Venise est fortifiée contre ses assauts par une rangée de dunes, qui s'allongent à droite et à gauche à deux ou trois kilomètres de la ville. La masse d'eau comprimée par les dunes, qui baigne Venise et la banlieue, s'appelle les lagunes.

Quel calme ! quel silence ! On n'entend ni le trot des chevaux, ni le roulement des carrosses. Pas un chien qui aboie. Les oiseaux, ne rencontrant pas de bosquets où replier leurs ailes, passent sans chanter. Aucun bruit, aucun écho ; le seul cri des gondoliers, discret et traînant, qui se perd dans la mer. Point de manifestations bruyantes. Les tempéraments sont mous, les caractères indolents, la vie se laisse bercer aux charmes de la conversation et de l'amour, à la douceur de la contemplation; on rêve volontiers. Les songes sont flottants, indécis, de la couleur de l'eau, noyés dans une mélancolie vague qui pénètre et qui enveloppe.

Un seul coin, à Venise, donne l'illusion de la terre : une espèce de jardin, une miniature d'île, fleurie et boisée, située à l'extrémité de la ville et reliée à elle par pilotis sans intervalle. Mais là encore pénètrent le trouble exquis, le chatouillement délicieux du cœur, l'engourdissement paresseux de l'esprit, particuliers à ce pays. Il n'y a pas de bruit autour. Aucun écho. La mélancolie voile toutes les pensées et tous les sentiments. On ne peut se défendre de songer.

Vers les six heures du soir je m'y trouvais seul, tout seul. La solitude : une prière, un souvenir aux personnes aimées, la création d'un idéal vivement présent, un rêve flottant.

En contemplant sous bois les hautes futaies, l'image de la vie se présente à moi. La lumière du soleil baigne inégalement les branches et les feuilles : taches lumineuses se croisent avec l'ombre, une feuille argentée touche une feuille verte, tel tronc a des cercles brillants échelonnés sur sa taille et alternant avec des cercles noirs, il y a des feuilles éclairées sur une petite partie, au milieu ou sur une corne. Les illuminés du bonheur et les éprouvés de la vie sont mêlés, voisins, unis comme les branches d'un même arbre; membres de la même famille comme les feuilles de la même branche. Il n'est pas rare de trouver le même cœur partagé entre une délicieuse impression et un noir chagrin, comme la même feuille moitié lumineuse, moitié sombre. Dans les rameaux brisés, les branchages, les débris de feuilles, les graines égarées que le vent me pousse à la figure, je vois les attraits de la vie qui s'en détachent à tout instant. Chaque jour fait envoler un rêve, arrache un plaisir ou un bien.

Mais où Venise devient ennuyeuse, insupportable, c'est par la pluie; nous en avons jugé pendant une matinée d'averses ininterrompues. La voûte d'azur allumée par le soleil, seule note gaie du tableau qui se marie avec la clarté indécise, l'immobilité de l'eau, disparaît sous des nuages ternes et blafards. Du gris au-dessous, du gris au-dessus ; de l'eau sur les têtes, de l'eau sous les pieds. Entre le ciel et l'eau, la même teinte pâle, monotone, décourageante, un silence de mort, brisé par le cinglement de la pluie sur la mer.

La place *Saint-Marc*, rectangle de cent soixante-quinze mètres de long sur cinquante-quatre de large, est un phénomène dans cette ville tout en eau. Les Procuraties, somptueux édifice de marbre du XVIe siècle, à trois et quatre étages, où résidaient autrefois les Procurates, conseillers des Doges, l'encadrent dans un fer à cheval. En face, l'église Saint-Marc avec ses dômes, ses clochetons, ses mosaïques. Sur le prolongement de celle-ci, la *Piazzetta*, comprise entre le palais des Doges à gauche et la Bibliothèque à droite : on dirait un vestibule qui conduit de la mer à la place Saint-Marc. Ces deux places sont dallées de trachyte et de marbre. Des volées de pigeons s'abattent sous les pas et sur les épaules des promeneurs : les descendants des fameux pigeons qui ont aidé l'amiral Dandolo à conquérir l'île de Candie, au XIII⁰ siècle, par les dépêches qu'ils apportèrent. Ils sont consacrés comme les sauveurs de la patrie, le peuple les nourrit.

Nous arrivons à neuf heures du soir, la place est noire de monde. On parle politique, on discute affaires, on fait circuler les nouvelles ; c'est un salon de conversation. Tout Venise s'y donne rendez-vous. Aristocratie et peuple se coudoient. Les blondes Vénitiennes croisent leurs regards avec ceux des étrangers. Les ouvrières, nu-tête, une épingle scintillant au sommet de leurs cheveux, un châle de couleur noué en pointe sur la poitrine, babillent avec animation et se reposent des fatigues du jour. On entend des fragments d'opéra, des valses, des polkas.

La lumière venait un peu de partout : de la lune et des étoiles, des becs électriques qui éclairaient les magasins et les cafés, des torches du kiosque de musique. Ces différents rayons se condensaient en une clarté blanchâtre, douteuse, changeante, comme les premières lueurs du jour. Elle glissait sur le marbre du pavé et des monuments qu'elle rendait luisant, elle s'enflammait aux mosaïques de l'église, au bronze et aux dorures ; elle jouait avec la chevelure d'or des Vénitiennes et la soie de leurs robes ou de leurs foulards. De grandes ombres couraient sur les façades des palais, se croisaient, se dépassaient, s'éclipsaient soudain.

Heureux mélange d'artificiel et de naturel ! Nous ne savions pas bien où nous étions. Était-ce un songe ? Les hautes façades des palais, le pavé de marbre, les reflets éblouissants de l'électricité, les morceaux de musique faisaient croire à une réception de gala dans un salon royal. Et puis on était surpris, en cherchant le plafond, de trouver le ciel bleu foncé, tout émaillé d'étoiles :

Cependant ils sont beaux à l'œil de l'espérance
Les champs du firmament ombragés par la nuit.

(LAMARTINE.)

Des camelots circulent parmi les promeneurs. Ils exhibent leurs petits ouvrages de mosaïques, en doublant et triplant le prix sans aucun scrupule ; ils savent que l'acheteur réduira des deux tiers ou de moitié. Ce sont des coupe-papier, des porte-plume... Le manche est incrusté de pierres minuscules, de toute nuance, dont le groupement produit des roses, des marguerites, des bluets, des feuilles, des étoiles... — Ce sont encore des cadres de photographies garnis de mosaïques, des épingles, des broches, des colliers en corail, des peignes en écaille... un bazar ambulant.

Les personnes âgées ou délicates de complexion partent les premières. D'autres se détachent encore de la masse et disparaissent dans les ruelles qui aboutissent sur la place Saint-Marc. Quelques-unes, écoutant les derniers sons de la musique, s'éloignent lentement, comme à regret, par la *Piazzetta*. Elles se décident enfin à monter dans les gondoles, qu'on devine aux étincelles qui tremblent sur la mer.

*En gondole. Les Tombeaux de Canova
et du Titien. Le Pont des Soupirs.*

Nous descendons en gondole le Grand Canal. Comme c'est gentil de glisser ainsi sur l'eau, sans secousse, sans bruit ! La rame fait *toc toc... toc toc...*, toujours *toc... toc...*, et on avance sans s'en douter. Nous sommes assis dans le fond du canot, bas, très bas. Le gondolier, debout à l'extrémité de la poupe, nous désigne du geste et de la voix les palais principaux que nous rencontrons.

A tout instant d'autres gondoles nous croisent; nous en dépassons, il y en a qui nous laissent en arrière. Elles tracent sur l'eau un sillon aussitôt effacé. La rame fait aussi *toc toc*, le batelier parle de même à voix basse, les passagers semblent comme nous tout petits, immobiles dans leur creux. D'une gondole à l'autre les promeneurs se regardent en souriant, tant ils sont charmés par la grâce et l'agrément de ce véhicule.

Un coup de sifflet déchire le calme de l'air :

le bateau à vapeur s'annonce, il file rapidement à nos côtés et nous devance. Voilà que la gondole, jusqu'à présent si docile, si cadencée dans ses mouvements, se cabre et rue. Elle dresse d'abord sa proue toute droite, puis soulève sa poupe; elle recommence, mais avec moins de colère; encore une fois elle frémit, tremble légèrement pendant quelques secondes et reprend enfin sa marche paisible. D'où vient ce caprice, jolie gondole? C'est que la roue du bateau, très insolente, avait laissé par-derrière une succession de lames qui l'agaçaient. Sur le Grand Canal seulement circulent des bateaux à vapeur, les tramways de l'endroit.

Les magnifiques palais de marbre qui le bordent font à ce canal un lit des plus coquets, avec leurs façades toutes blanches, pures comme la neige, étincelantes au soleil: Quelques-uns sont encore habités par leurs propriétaires; la plupart sont devenus des monuments publics, des hôtels, des fabriques. Nous remarquons les palais *Giustiani et Ferro*, actuellement l'Hôte de l'Europe et le Grand Hôtel; — Corner *della ça Grande*, aujourd'hui la Préfecture, œuvre de Sansovino; — le palais du comte de Chambord; — le palais *Mocenigo*, habité par Lord Byron qui écrivait :

« J'aimai Venise dès ma jeunesse. Elle était pour moi comme la ville enchantée du cœur, le séjour de la joie et des richesses, s'élevant telle que des jets d'eau du sein de la mer. »

Les palais *Pisani*, du XIVe siècle ; — *Germani*, de la Renaissance, occupé par la Cour d'appel ; — *Dandolo*, gothique ; — *Pesaro*, du XVIIe siècle ; — *Vendramin Calergi*, où est mort, en 1883, Richard Wagner, et la Maison d'Or, édifice ogival du XIVe siècle, se déroulent sous nos yeux.

Trois ponts traversent le Grand Canal : deux en fer et, au milieu, le pont Rialto, imposante construction de marbre supportée par douze mille pilotis.

La gondole voguait toujours, accompagnée par le mouvement régulier de la rame qui battait l'eau sans relâche. *Già è, già è*, crie le batelier. — *Gia è*, répondent deux autres voix. — *Preme — Preme !* répètent les mêmes voix. La gondole pivote, tourne et s'engage dans un petit canal tout tordu, d'où se disposaient à sortir deux ou trois barques.

Le dialogue entre les rameurs était l'annonce de leur passage, leur avertissement. *Già è* veut dire : « Voilà » ; et *Preme :* « Droite ». C'est un langage particulier dont les termes, très brefs pour ne pas perdre un instant, sont aussi clairs que significatifs. Il s'exprime avec un accent fort doux, un peu traînant.

Le gondolier change la position de la rame. Il la tire de l'eau toute ruisselante. Horizontale, elle frappe infatigablement les murs à droite puis à gauche pour diriger la proue.

Un nouveau cri. Sur des marches qui donnent accès à une place irrégulière, un vieillard est couché, tenant à la main un gros bâton terminé par un crochet de fer. A notre vue, il se lève, s'avance tout au bord de l'eau et, du plus loin qu'il peut l'atteindre, accroche notre barque avec son étrange instrument, pour l'attirer à lui. Nous mettons pied à terre devant l'église des Frari : une croix à trois nefs. Elle renferme des tombeaux célèbres.

A la porte entrebâillée du sépulcre de Canova, une femme se penche : grande, svelte, imposante par le double prestige du malheur et de la beauté. Son attitude, sa main collée au front, le long voile qui couvre sa tête trahissent un amer chagrin. Elle essaye de pénétrer le secret de la tombe, elle a juré de vaincre le silence et l'insensibilité de la mort.

> Ami, si ton âme est pleine
> De ta joie ou de ta peine,
> Qui portera la moitié?...
>
> ....
>
> Et cependant pourquoi ce long silence?
> Nous auraient-ils oublié sans retour?
> N'aiment-ils plus? Ah! ce doute t'offense,
> Et toi, mon Dieu, n'es-tu pas tout amour?
> Mais s'ils parlaient à l'ami qui les pleure,
> S'ils nous disaient comment ils sont heureux,
> De tes desseins nous devancerions l'heure,
> Avant ton jour nous volerions vers eux.
> Non, non, mon Dieu, si la céleste gloire
> Leur eût ravi tout souvenir humain,
> Tu nous aurais enlevé leur mémoire.
> Nos pleurs couleraient-ils en vain?
>
> (LAMARTINE: *Pensées des Morts.*)

Le monument funéraire du Titien est plus compliqué : un portique à quatre colonnes sur un soubassement; au milieu, le Titien couronné de lauriers, assis avec la majesté d'un pontife, sa grande barbe blanche tombant sur ses genoux. D'une main, il découvre le visage d'une charmante enfant debout à son côté; il touche de l'autre un livre que lui présente un génie. Entre les colonnes, les symboles de la peinture, de la sculpture, de la xylographie et de l'architecture, les quatre perles de son diadème immortel, sous la figure de quatre femmes. Ajoutez à cela des bas-reliefs : dans le fond, son chef-d'œuvre, « l'Assomption » ; en haut, son premier et son dernier tableau, « la Visitation et la Descente de Croix » ; en bas, « la Mort de saint Laurent ». Au sommet du monument, triste et fier, le lion de saint Marc, portant entre ses griffes les armes de Venise.

Notre gondolier, assis par terre, fumait tranquillement sa pipe. En nous apercevant, l'individu au bâton ferré repousse la barque, qui rasait le débarcadère, et l'approche de nouveau à l'aide de son crochet, en feignant de grands efforts. Il la retient de toutes ses forces, comme si elle allait lui échapper, et nous présente son chapeau: *Signori, Signori*, il continue jusqu'à ce que je lui aie jeté deux sous. Devant tous les édifices, églises, palais, musées, où les étrangers ont l'habitude de s'arrêter, stationnent ces importuns intermédiaires, de vieux gondoliers dont les bras sont devenus trop faibles pour manier la rame. Ils l'ont échangée contre le harpon ; de là leur nom de *harpini*. Cette profession factice est leur retraite.

La gondole repart, se faufile dans les tournants, suit les détours, heurte la façade d'une maison, glisse sous un pont voûté, puis sous un autre, du haut desquels les piétons se penchent pour nous regarder passer, rencontre vingt gondoles, coupe le Grand Canal encore bouillonnant sur la trace du bateau à vapeur, et nous dépose devant une seconde église, surmontée d'une coupole : c'est l'église Saint-Jean-et-Saint-Paul. A l'intérieur, sont alignés les tombeaux des doges : sarcophages, plaques, statues, mausolées.

Ensuite la visite d'une verrerie. Nous traversons les ateliers rouges et fumants où le verre brûlant est soufflé, tourné, courbé, redressé ; dans les magasins nous regardons de belles verroteries, sans nous laisser tenter : cela provoque le mécontentement, puis l'indignation du fabricant.

Nous voilà sous le *Pont des Soupirs*. C'est une espèce de fronton arqué qui relie le palais des Doges aux bâtiments situés vis-à-vis, les anciennes prisons. Assez large pour livrer passage à deux personnes de front, il présente une façade de marbre très ornée. Deux fenêtres carrées et grillées sont percées de chaque côté pour faire entrer le jour. Les prisonniers le traversaient jadis pour aller à la mort. Quels profonds et déchirants soupirs n'ont-ils pas été exhalés dans ce lugubre couloir ! Aujourd'hui, les touristes sensibles courbent religieusement la tête et soupirent de pitié quand ils passent dessous, en pensant à ces misérables. D'autres soupirent pour s'amuser, ou bien prêtent à leurs soupirs les accords de leur cœur. Il y a une poésie mélancolique qui plane à cet endroit; on est ému. Je ne plaisante pas. Il semble que l'angoisse poignante, l'étreinte désespérée des condamnés aient été si violentes qu'elles ont pénétré l'eau, l'air et l'espace ambiant. Elles y ont laissé quelque chose d'elles-mêmes : ces impressions qui troublent et qui s'affaiblissent avec le temps, mais subsistent toujours.

Un Enterrement à Venise.

En suivant le quai des Esclavons, pour rentrer à l'hôtel, nous sommes attirés à l'embouchure d'un canal par un rassemblement. Les têtes sont découvertes, et on écoute une sérénade. C'est un convoi funèbre. De l'église voisine, le cortège était arrivé par les ruelles jusqu'à la mer.

Une barque toute plate, carrée, accoste au quai, on y dépose le cercueil. Quatre enfants se tiennent debout aux quatre coins avec une torche allumée. Le batelier est en arrière, sa rame à la main. Un prêtre et un enfant de chœur montent dans une gondole fermée. Les pleureuses, une mantille sur la tête et un mouchoir à la main, escorte de parade des enterrements, occupent, avec la famille et les amis, une dizaine d'autres gondoles qui se succèdent à l'embarcadère. La sérénade terminée, les assistants se retirent et le convoi se met en marche. La barque funéraire vire, les suivantes imitent le mouvement. Après une volte-face opérée par chacune, l'étrange et triste cortège défile lentement à travers les canaux étroits et sinueux, croisant les promeneurs qui saluent avec respect et regardent tout étonnés, jusqu'à l'île où dorment les morts de Venise.

A Venise, même les morts vont sur l'eau. Ce sont des gondoles qui les conduisent, eux aussi, à leur dernière demeure. Elles se prêtent à merveille à ce transport, avec leur bois noir, leurs draperies de deuil, leur marche silencieuse et cadencée. Ce spectacle m'a touché. Je l'ai suivi des yeux jusqu'à ce qu'il ait tout à fait disparu au premier détour.

Église et Palais.

Nous vénérons le cœur de saint François de Sales, pieusement conservé au monastère de la Visitation. Ce cœur, la pointe tournée en bas, renflé de chaque côté, est contenu dans un reliquaire en verre de même forme, comme moulé sur lui, monté en argent et porté par un ange qui l'appuie sur sa tête et le soutient de ses bras. Le cœur est enfermé dans une enveloppe de soie. Il a saigné et de grandes taches, foncées et humides, s'aperçoivent sur l'étoffe qui l'enveloppe. A travers la glace on les voit perler; le tissu est spongieux à ces places-là.

De là nous nous rendons à *Saint-Marc.* C'est de toutes celles que nous avons vues jusqu'à présent, l'église la plus riche et la plus éclatante. Style flamboyant, luxe oriental dans toute sa splendeur. Elle jette de la poudre aux yeux, elle éblouit. Toutes les couleurs se sont donné rendez-vous. Toutes les formes de l'art rivalisent d'élégance. Cinq coupoles byzantines, des flèches, des clochetons gothiques.

La façade a deux étages. En bas, cinq arcades romanes : des cintres très ronds. Au fond des cinq arcades, dominant les portes, cinq mosaïques, « le Jugement dernier » entre des scènes de la vie de saint Marc. Le second étage est aussi en arcades, mais des arcades pleines, murées, accusées par le rebord de marbre qui les simule. Elles encadrent des mosaïques qui s'embrasent au soleil. Il n'y en a que quatre; le cintre du milieu circonscrit un vitrail ancien, compliqué, aux teintes foncées, qui tamise la lumière. Devant ce vitrail, un superbe quadrige en bronze doré, apporté sur la place du Carrousel à Paris par les soldats de Napoléon, symbole de l'asservissement de Venise :

« Des coursiers d'airain brillent encore devant saint Marc, leurs colliers dorés étincellent aux rayons du soleil, mais la menace de Doria n'est-elle pas accomplie ? Les coursiers ne sont-ils pas bridés ? » (Lord Byron).

Chacun des chevaux mesure un mètre soixante de haut. Au-dessus de la cathédrale, son patron, saint Marc, le lion à ses pieds, et des anges qui s'échelonnent.

L'intérieur de l'église est entièrement tapissé

de mosaïques du XIIe siècle. Dans le creux de la grande coupole, « l'Ascension », tout en mosaïques également. Le maître autel est surmonté de la *Pala d'oro*.

Vis-à-vis de la basilique, s'élève le campanile de quatre-vingt-dix-huit mètres, terminé par une flèche gothique. Sur la pointe, un ange colossal qui semble toucher le ciel. Du faîte de la tour, la vue est splendide. Nous y étions à six heures du soir. Le soleil pâlissait, pâlissait, empourprant çà et là quelques nuages qui erraient sur la surface d'azur. Venise apparaît alors vraie, naturelle, visible dans tous ses détails. Chaque maison, chaque palais, chaque édifice se détache, gardé par un cordon d'eau qui en fait le tour. Le Grand Canal, parsemé de gondoles, se déroule majestueusement, éclipsant les rubans d'argent qui se nouent de chaque côté autour des constructions. A droite et à gauche, la marge très ample des lagunes, émaillée d'îles : une église, un couvent, une villa, un rocher avec des arbres, le cimetière ; elle isole la ville de son cadre de dunes. Au premier plan, les Alpes montrent la tête.

Le palais des Doges s'avance comme une dent sur la mer, borné à l'Ouest par la *Piazzetta*, au Sud par le quai, à l'Est par le canal qui s'ouvre sous le pont des Soupirs. Sa façade de marbre, aussi blanche que la neige, est rehaussée de colonnes, d'ogives, de portiques, d'ouvertures élégamment découpées, de festons dentelés, de chapiteaux symboliques. Sur le quai, au-dessus d'une double galerie gothique, une loge toute sculptée avec un balcon.

La fondation du palais remonte à huit cents ans. Depuis cette époque lointaine, cinq fois il fut détruit et cinq fois rebâti.

Une cour spacieuse, irrégulière : même luxe de sculpture, d'arcades, de statues de marbre ; un escalier royal gardé par Mars et Neptune. La salle du Grand Conseil est particulièrement imposante : cinquante-deux mètres de long sur vingt-deux de large et quinze de haut. Comme ornements, les portraits des doges, leurs actions d'éclat et les gloires de la République immortalisées par les pinceaux du Tintoret et de Paul Véronèse. Dans le panneau du fond, une toile gigantesque, « le Paradis », — vingt-deux mètres sur dix. — C'est une peinture à l'huile : Dieu, la sainte Vierge, quelques saints célèbres, puis une multitude de têtes fines, jolies, différentes d'expression, de plusieurs âges, mais plus difficiles à nombrer que les fourmis d'une fourmilière ou les éphémères qui voltigent la nuit autour des becs de gaz. La bibliothèque possède de précieux manuscrits. Dans la salle du Sénat, l'or brille partout. On remarque un tableau du Tintoret de beaucoup d'esprit : Venise, avec le lion de saint Marc, se défend contre Europe assise sur un taureau.

Des appartements princiers, je descends aux sous-sols, les cellules et les cachots, — j'en ai encore le frisson, — des caves basses, étroites, sans air ni jour, avec une pierre anguleuse pour oreiller. Ces réduits étaient divisés en deux étages : au-dessus, les prisons des criminels; en bas, celles des condamnés politiques. Ceux-ci entendaient le gouffre mugir sous leurs pieds, prêt à les absorber. La salle du Jugement communiquait avec le pont des Soupirs. La sentence prononcée, on conduisait par là le condamné dans la cellule opposée; une trappe mobile se levait, et le malheureux était précipité au fond des eaux.

La Banlieue.

Venise baigne au milieu de la mer; ses environs s'explorent en bateau. Par un tiède après-midi, nous faisons l'excursion classique du Lido. Nous allons en gondole. Au retour, la mer étant très grosse, nous profitons d'un vapeur qui allait partir, afin d'être moins secoués. Le Lido est une île oblongue. On y retrouve la terre ferme, des prairies, des arbres, des fleurs, la végétation méridionale, singulièrement douce aux Vénitiens qui en sont à jamais privés dans leur capitale. Des tramways circulent traînés par des chevaux. Le Lido est la campagne de Venise. On y prend des bains de mer. La musique, toujours en liesse, chante la réunion de la nature et de la société, elle accompagne leur sincère et tendre baiser.

Le lendemain, nous suivons pendant deux heures la ligne terne et monotone des dunes, — tout le long, des villages à l'aspect misérable, des fabriques, des usines, — pour aborder à

Chioggia, vieille ville de pêcheurs, paisible, sale, rachetée seulement par quelques monuments antiques.

L'Assomption. La Mort de Rachel.

A l'Académie des Beaux-Arts, deux tableaux m'ont enchanté : « l'Assomption » du Titien et la « Mort de Rachel » de Cignaroli.

— « L'Assomption ». — En considérant cette scène, je me rappelle une autre scène avec laquelle elle a les plus intimes ressemblances, « la Transfiguration de Notre-Seigneur ». Là aussi, c'est une ascension, là aussi c'est un personnage céleste. Même attitude. La position du corps forme une ligne brisée: la tête et la partie inférieure obliquent légèrement à gauche, parallèles, avec la même inclinaison; le buste penche à droite, reliant les deux extrémités en diagonale. Point de raideur dans la tenue ni dans les mouvements, une ondulation. Jésus-Christ dans « la Transfiguration », sa Mère dans « l'Assomption », planant sur de molles traînées de nuages, ont les deux bras dressés vers le ciel; leur geste suit leur regard. Les mains sont libres, les doigts déliés.

Aux pieds et aux côtés de la Vierge, la soulevant mystiquement et l'encadrant, épars au milieu des nuages et comme enfantés par eux, à moitié voilés ici et là, une charmante cohorte d'anges.

Comme ils sont gentils! quelles jolies figures! Suave sourire que celui qui les anime, sourire fait d'innocence, d'ingénuité, d'insouciance et de gaieté. Ils rappellent le délicat portrait de l'enfant tracé par Victor Hugo:

Il est si beau l'enfant avec son doux sourire,
Sa douce bonne foi, sa voix qui veut tout dire,
  Ses pleurs vite apaisés,
Laissant errer sa vue étonnée et ravie,
Offrant de toutes parts sa jeune âme à la vie
  Et sa bouche aux baisers.
Seigneur! préservez-moi, préservez ceux que j'aime,
Frères, parents, amis et mes ennemis même
  Dans le mal triomphants,
De voir jamais, Seigneur, l'été sans fleurs vermeilles,
La cage sans oiseaux, la ruche sans abeilles,
  La maison sans enfants.

J'ajoute: le ciel sans anges. Tous à leur façon, ils célèbrent le triomphe de leur reine. En voilà trois ou quatre qui se tiennent enlacés et la montrent du doigt, avec ce geste si familier à l'enfance pour traduire son étonnement, son intérêt, son admiration et sa satisfaction. Au comble de l'enthousiasme, demi-ange demi-enfant, un autre élève au-dessus de sa tête, de toute la tension de ses bras, le tambour de basque, organe de l'allégresse, qu'il frappe à coups redoublés. Son voisin, en même temps que l'air, soulève la robe de la Vierge qui frôle son épaule. Quelle illusion ! Deux anges ailés aux pieds de Marie portent les nuages sur leurs ailes. Des musiciens : celui-ci souffle de toutes ses forces dans une trompe recourbée ; celui-là, une main en arrière, l'autre serrant un mirliton dans lequel il vient de siffler un air joyeux, la tête haute, très fier, ravi, regarde la Vierge en riant. Il est content de lui. Un troisième s'approche tout près minaudant. Puis un groupe de chérubins, les cheveux déroulés en boucles le long du visage, émus, très émus, les yeux tendres et ombrés, suivent du regard l'ascension de leur souveraine. Avec eux contemplons ce spectacle.

L'ample voile qui drape la sainte Vierge, fixé par une épingle au bas du cou, d'un bleu foncé, doux à l'œil comme le ciel d'Italie, cache les épaules, flotte sur les hanches en formant des plis, se gonfle sous l'air, se creuse, s'envole au-dessus des genoux et va mourir sur l'épaule d'un chérubin. Sa robe est plus ajustée, mais froncée, ridée comme la surface d'un lac par la brise. Elle s'agite au-dessus des pieds, qu'elle découvre croisés sur les nuages comme sur un socle.

Les cheveux de Marie, noirs, épais, descendent sur la nuque ; sa bouche est entr'ouverte, ses lèvres sont relâchées, les lignes de sa figure d'une pureté, d'une harmonie ravissantes. Ce qui séduit, ce qui fascine, c'est son regard : ce regard lumineux sans éblouir, fixe sans dureté, ardent sans fatiguer, qui fait naître la flamme ou les larmes dans les yeux qui le rencontrent.

Un prédicateur distingué, parlant d'une certaine catégorie d'événements et de sentiments, s'écriait : « La peinture en est réservée au génie, cette rare étincelle qui jaillit du contact et j'allais presque dire du choc du cœur de l'homme avec le cœur de Dieu ».

La physionomie de la Vierge est un trait de

génie. — Le cœur du Titien a heurté le cœur de Dieu dans cette composition. — C'est un mélange de douceur et de passion : la douceur n'a rien de mou, la passion n'a rien de violent ni d'exalté ; l'une et l'autre se fondent et se tempèrent. La prunelle se perd dans la paupière supérieure ; avec la tête elle se renverse et se mire dans le ciel qui se reflète en elle. Les yeux, dilatés par une vive émotion, sont liés à la demeure céleste. Ils lui disent l'amour, l'espérance, l'attente, le désir ardent, mais soumis, la pureté, la sérénité...

Mais c'est péché de les interroger, de troubler leur mystère. Les analyser, c'est les déparer. Je préfère y plonger les miens,

Comme deux purs rayons l'un dans l'autre se plongent,

et goûter de suaves et délicieuses impressions.

Le Titien a reproduit aussi, dans un tableau naïf et gracieux, « la Présentation de la sainte Vierge ».

« La Mort de Rachel », par Cignaroli. — Sur un lit en désordre, sourde, muette, immobile, repose Rachel. Elle semble dormir, son front est lisse, sa figure calme ; pas un pli sur la peau, nulle contraction dans les traits. Elle souriait tout à l'heure, et les rayons du bonheur n'ont point complètement disparu; telles, au crépuscule, les dernières clartés du jour qui se prolongent jusqu'à la nuit.

Sa tête renversée sur l'oreiller s'incline vers l'épaule droite avec beaucoup de grâce. Ses deux genoux sont repliés l'un sur l'autre, ses pieds ne bougent pas. Le charme de la beauté, la fraîcheur de la jeunesse sont répandus sur toute sa personne. A la regarder ainsi, on croit qu'elle va s'éveiller, remuer, parler, tant sa pose est souple et naturelle :

Un de ses bras pendait de la funèbre couche,
L'autre languissamment replié sur son cœur...
Maintenant tout dormait sur sa bouche glacée,
Le souffle se taisait dans son sein endormi
Et sur l'œil sans regard la paupière affaissée
   Retombait à demi.

(LAMARTINE: *Le Crucifix*.)

Sur le bord de la couche, Jacob, les traits décomposés, les cheveux hérissés, tous les nerfs tendus, fixe obstinément l'objet de son amour. Il se penche. D'une main il repousse violemment en arrière l'affreuse vision, sur l'autre il appuie sa tête. Il croit, lui aussi, que son épouse chérie va revivre. Il ouvre la bouche toute grande pour l'appeler, il crie, attendant sa réponse, épiant, avec la fièvre du désespoir, le moindre mouvement de sa bien-aimée.

Hélas ! c'était

A cette heure douteuse où l'âme recueillie,
Se cachant sous le voile épaissi sur nos yeux,
Hors de nos sens glacés pas à pas se replie
    Sourde aux derniers adieux ;

Alors qu'entre la vie et la mort incertaine,
Comme un fruit par son poids détaché du rameau,
Notre âme est suspendue et tremble à chaque haleine
    Sur la nuit du tombeau,

Quand des chants, des sanglots la confuse harmonie
N'éveille déjà plus notre esprit endormi.

(LAMARTINE : *Le Crucifix*.)

Tout autour la famille éplorée. Là, une fille qui sanglote, la tête dans ses mains. Ici, un enfant couché au pied du lit. Plus loin, un petit bébé dont une servante, les yeux humides, fait la toilette.

15-16 mai. Dernière nuit d'Italie. Retour.

Par un sombre après-dîner de dimanche, le Grand Canal était en fête. Des points lumineux, pareils à des vers luisants, brillaient dans l'obscurité. Des échos de symphonie parvenaient à nos oreilles, traînants, mutilés. Pourquoi pas prendre notre part de la fête? Nous allons droit où nous appellent la lumière et le bruit.

Le Grand Canal formait un ruban de feu. Des bateaux, enguirlandés de lanternes vénitiennes aux couleurs variées, emportaient tout doucement, comme à une procession, des orchestres qui jetaient dans le silence de la nuit des airs plaintifs. Derrière, en avant, tout autour, des myriades de gondoles se détachaient sur les ténèbres, à la lueur imperceptible de leurs petites lanternes rondes ou ovales : nos vers luisants de tout à l'heure.

Nous voilà partis vite, très vite, à coups redoublés de rame; en quelques minutes nous atteignons la queue du cortège. Notre gondole erre, tâtonne, hésite et pointe sur deux autres, entre lesquelles elle s'intercale. Une cinquantaine d'embarcations sont groupées en éventail derrière le bateau des musiciens; les premières le frôlent, les autres se faufilent comme elles peuvent. Toutes sont côte à côte. Les passagers immobiles se voient, se regardent, se sourient, s'interpellent.

Tous les yeux contemplent le ciel avec l'expression vague et heureuse du rêve. On devine l'état d'âme décrit en ces quelques mots par un psychologue dont j'ai oublié le nom :

« Je rêvassais les yeux mi-clos à je ne sais quoi d'indéterminé et de favorable, en proie à cette griserie délicieuse faite de toutes les mille petites, vagues et poignantes émotions du cœur ».

Des conversations à voix basse, entrecoupées. Les images se succèdent dans l'esprit, ondoyantes, indécises, nimbées d'illusion : des mythes. Elles le caressent, le chatouillent délicatement. Rien de la dure et rugueuse réalité. Des accords harmonieux et languissants vibraient dans l'air humide.

Tous ensemble, comme des soldats qui exécutent un mouvement commandé, les gondoliers donnaient un vigoureux coup de rame, et les barques avançaient simultanément, à une allure très lente, dans leur position respective. Il y en a bien qui essayaient de se substituer à d'autres, mais elles étaient impitoyablement repoussées. Nouvelle pause, nouvelle sérénade; quelques pas encore et un autre arrêt.

Nous nous dégageons à grand'peine, non sans heurter plusieurs canots et, glissant au ras des palais, nous rejoignons un second rassemblement semblable au premier. On entrevoit un bateau sur lequel joue la musique, et des gondoles qui se serrent contre lui pour mieux entendre.

Certains peuples ont besoin, pour être heureux, d'une gaieté folle, exubérante. Rien de pareil ici. Ce qui charme les sens, ce sont les impressions calmes et mélancoliques. La mélancolie, voilà ce qui remplit et rassasie le cœur vénitien. La nuit, l'eau, le silence, les soupirs de la mandoline: quelles sources de mélancolie! quel bain délicieux pour l'imagination! Et je subis cet attrait enveloppant, cet ascendant irrésistible qui vous retient avec des chaînes fragiles et très lâches ; vous ne pouvez cependant vous résoudre à les briser.

Hélas ! il faut dire adieu aux traversées de nuit, adieu à Venise, adieu à la mer, adieu à l'Italie, adieu au ciel d'azur, adieu aux mille distractions du voyage. Le temps fuit. Cinq semaines se sont repliées dans les ailes de cette nuit, cinq semaines, notre délai maximum.

Le lendemain, nous marchions rapidement vers la France, partagés entre le regret de quitter ce beau pays et la joie de retrouver la patrie, la famille, les amis.

Nous dérobons deux ou trois heures à cette course vertigineuse pour parcourir Milan. Partout on voyait des ouvriers occupés à repaver les rues, à reposer les rails des tramways, à replacer des vitres aux fenêtres, à réparer les désastres de l'émeute, plus furieuse à Milan que dans aucune autre ville. Nous admirons la cathédrale, véritable guipure de dentelle d'un bout à l'autre ; nous contemplons la tête de Christ de Léonard de Vinci, qui rend exactement cette parole de Notre-Seigneur : « Je suis doux et humble de cœur. »

Le 17 mai, nous étions de retour à Autun :

cette petite ville paisible, toujours la même, plus calme encore quand on la retrouve après le bruit, le tumulte, les incidents du voyage, très favorable pour nous reposer et mûrir nos impressions.

FIN

TABLE DES MATIÈRES

	Pages
Préface	5
D'Autun à Turin	7
De Turin à Gênes	9
De Gênes à Pise	12
De Pise à Sienne	16
De Sienne à Florence	23

Florence

Les Musées	33
Promenade. La ville	46

De Florence à Rome. Orvieto	53

Rome

Premières impressions	59
La Messe du Pape	63
Le Vatican	71
Rome chrétienne	79
Les catacombes. Le Panthéon	85
Nos dernières visites à Rome chrétienne	91

De Rome à Naples. Le Mont-Cassin	101

Naples

La vie d'hôtel	109
Première soirée	115
Souvenirs. La ville. Les mœurs	119

TABLE DES MATIÈRES

	Pages
Pompéi.	133
La Solfatare, Pouzzoles, le cap Misène.	141
Le miracle de saint Janvier. Une émeute.	145
Le Vésuve.	162
Capri, la Grotte d'Azur.	171
Le Musée.	178
San Martino. Le Campo-Santo.	181
Une nuit à Naples.	186
Adieu à Naples.	190
Les bords de l'Adriatique. Lorette.	192
De Lorette à Venise. Ancône. Bologne.	209

Venise

L'Arrivée. Les gondoles.	219
La ville. Impressions de jour et de nuit.	223
En gondole. Les tombeaux de Canova et du Titien. Le Pont des Soupirs.	231
Un enterrement à Venise.	239
Église et palais.	241
La banlieue.	246
L'Assomption. La Mort de Rachel.	248
Dernière nuit d'Italie. Retour.	255

Chalon-sur-Saône, imp. L. Marceau, E. Bertrand, successeur.

www.ingramcontent.com/pod-product-compliance
Lightning Source LLC
Chambersburg PA
CBHW070618170426
43200CB00010B/1835